고입 면접,
완벽한 준비로 합격하는 법

고입 면접, 완벽한 준비로 합격하는 법

혼자서도 쉽고 빠르게 끝내는 올인원 실전 가이드

초 판 1쇄 2025년 11월 04일

지은이 새로쌤
펴낸이 류종렬

펴낸곳 미다스북스
본부장 임종익
편집장 이다경, 김가영
디자인 임인영, 윤가희
책임진행 이예나, 김요섭, 안채원, 김은진, 국소리

등록 2001년 3월 21일 제2001-000040호
주소 서울시 마포구 양화로 133 서교타워 711호
전화 02) 322-7802~3
팩스 02) 6007-1845
블로그 http://blog.naver.com/midasbooks
전자주소 midasbooks@hanmail.net
페이스북 https://www.facebook.com/midasbooks425
인스타그램 https://www.instagram.com/midasbooks

© 새로쌤, 미다스북스 2025, *Printed in Korea*.

ISBN 979-11-7355-569-5 53370

값 17,500원

미다스북스는 다음세대에게 필요한 지혜와 교양을 생각합니다.

고입 면접, 완벽한 합격 하는 법

준비로

혼자서도 쉽고 빠르게 끝내는 올인원 실전 가이드 ─── 새로쌤 지음

탄탄한 **면접 기본기**부터 ───

날개를 달아줄 **실전 팁**까지

미다스북스

시작하며

나를 보여주는 면접, 쉽고 빠르게 준비하는 방법   6

STEP 1

분석하기

: 나를 파악하며 준비 시작

#자기분석   #지원동기   #강점발견   #경험정리   #학교정보

1장 | 학교생활기록부 꼼꼼히 살펴보기   11

2장 | 지원 학교 홈페이지 집중 탐색하기   21

3장 | 자기소개서와 면접의 연결고리 만들기   26

STEP 2

준비하기

: 면접의 원리로 기초 완성

#필수키워드   #논리전개   #사례적용   #표현력향상   #태도관리

1장 | 면접용 핵심 키워드 정리하기   35

2장 | 실전에서 활용할 면접 공식 만들기   44

3장 | 문장의 구성과 표현 정리하기   49

4장 | 신뢰감을 주는 태도로 나를 담아내기   54

STEP 3

연습하기

: 자신감 있게 실전 준비 완료

#모의면접   #시간관리   #대처능력   #실전감각훈련   #예상문제

1장 | 기초 준비: 기본 질문 대비하기   65

2장 | 사고 확장: 심화 질문 훈련하기   107

3장 | 마무리 완성: 실전 종합 점검하기   149

나를 보여주는 면접,
쉽고 빠르게 준비하는 방법

이 책을 펼친 여러분은 대부분 면접이 처음이거나 아직 익숙하지 않을 거예요. 그래서 '면접'이라는 단어만 들어도 떨리거나 걱정이 될 수 있습니다.

하지만 면접이라는 시험은 다른 시험과 다르게 큰 장점이 있습니다.

바로 정답이 없다는 것입니다.

그래서 나만의 생각과 경험을 정중한 자세로 솔직하게 표현하면, 그것이 나만의 좋은 면접 답안이 되는 것이지요.

이 책은 여러분이 면접장에서 자신감 있는 모습을 보일 수 있도록 준비한 면접 길잡이입니다. 특히 짧은 시간 안에 쉽고 빠르게 면접을 준비할 수 있도록 돕는 것을 목표로 한 워크북형 교재입니다.

STEP 1에서는 나를 파악하며 면접 준비를 시작합니다.

중학교 생활을 꼼꼼히 돌아보고, 지원 학교의 정보를 정리하며, 자기소개서와 면접 답안을 자연스럽게 이어주는 방법을 다룹니다.

STEP 2에서는 본격적인 면접 준비에 들어갑니다.

자신을 나타내는 키워드를 정리하고, 당황하지 않도록 면접 공식을 익히며, 답변 구성 방법을 살펴봅니다. 더불어 목소리와 자세, 말투까지 점검해보며 신뢰감과 자신감을 함께 키워 갑니다.

STEP 3에서는 실전 연습을 통해 면접 준비를 완료합니다.

다양한 질문 유형을 경험하면서, 실제 면접장에서도 훨씬 편안하게 자신을 표현할 수 있도록 훈련해 봅니다.

여러분은 이미 자신만의 이야기를 가지고 있습니다.

면접에서 중요한 것은 '틀리지 않은 답변'이 아니라 여러분만의 답변입니다.

이 책과 함께 자신 있게 면접을 준비해 봅시다.

분석하기

: 나를 파악하며 준비 시작

#자기분석 #지원동기 #강점발견 #경험정리 #학교정보

자신을 분석하는 것은 면접 준비의 시작입니다. 여러분이 지원한 학교에 왜 가고 싶은지 분명히 할 때, 비로소 면접의 방향이 잡힐 수 있습니다. 그 과정에서 나의 강점과 경험을 살펴보고, 지원 학교 정보를 분석해야만 답변에 설득력이 생기게 됩니다.

1장 | 학교생활기록부 꼼꼼히 살펴보기

KEY POINT!

🔍 학교생활기록부는 학교생활의 객관적 증빙자료입니다.

🔍 긍정적인 단어, 진로 연계 가능 단어 위주로 살펴보세요.

🔍 부정적인 내용이 있다면 관련 예상 질문을 대비해야 합니다.

면접을 준비하기 전, 가장 먼저 해야 할 일은 여러분의 학교생활기록부를 꼼꼼하게 살펴보는 일입니다. 학교생활기록부는 학생의 학교생활이 객관적으로 기록되어 있는 문서이지요. 그리고 많은 고등학교들이 입학 전형 과정에서 한 번은 학교생활기록부를 제출하도록 합니다. 그렇기 때문에 학교생활기록부를 분석하지 않는 것은 면접 준비를 하지 않은 것과 같습니다.

학교생활기록부에 작성된 여러 내용들을 분석한 후, 조금 더 내용을 확장시켜 글로 쓰게 되면 그것이 바로 자기소개서가 됩니다. 또 이를 문답 형태로 구성하면 면접이 되는 것입니다.

1) 학교생활기록부 출력 방법

그럼 학교생활기록부의 내용을 토대로, 나와 나의 활동들을 분석해 봅시다.

학교생활기록부를 보기 위해서는 몇 가지 방법들이 있습니다. 그중에서도 학교생활기록부를 공식적으로 볼 수 있는 가장 쉬운 방법은 부모님과 함께 '나이스 대국민서비스'를 이용하는 것입니다.

이용 방법은 다음과 같습니다.

> 1) 포털에서 '나이스 대국민서비스'를 검색합니다.
> 2) 로그인 후 '교육제증명' 메뉴를 클릭합니다.
> 3) 정부24 홈페이지로 이동합니다.
> 4) '온라인 민원 현황'에서 '학교생활기록부(초중고)'를 클릭합니다.
> 5) 발급하기 버튼을 누르면 학교생활기록부 출력 및 PDF 파일이 저장됩니다.

이제 여러분의 학교생활기록부를 전체적으로 살펴볼 수 있도록 출력하거나 파일로 준비해 주세요.

2) 학교생활기록부 점검

이제부터는 꼼꼼하게 '나'에 대해서 분석해야 합니다. 특히 학교생활기록부라는 객관적 증빙 자료를 통해 장점으로 살릴 수 있는 것과 단점이 될 수 있는 것들을 구분해야 합니다. 눈에 잘 띄는 형광펜 등을 준비해서 하나씩 꼼꼼하게 살펴보면서 준비해 봅시다.

다음은 분석해야 하는 항목과 점검 내용들을 표로 간단히 정리한 것입니다.

항목	점검 내용
출결상황	결석, 조퇴, 지각, 결과, 출결특기사항
창의적 체험활동상황	전교 또는 학급 정·부회장, 학생회 임원, 동아리 활동 등
교과학습발달상황	성취도, 세부능력 및 특기사항
자유학기활동상황	진로와 연결 지을 수 있는 모든 활동
독서활동상황	진로와 연결 지을 수 있는 독서 활동
행동특성 및 종합의견	전체 내용 확인

여기까지만 읽어도 어떤 내용을 분석해야 하는지 어느 정도 알 수 있을 것입니다. 위의 내용들은 중학교 활동을 객관적으로 증빙할 수 있는 것입니다.

이제부터는 여러분의 학교생활기록부에 장점이 될 만한 내용이 있다면 눈에 잘 띄는 색으로 체크를 하면서 꼼꼼하게 분석을 하고, 이를 바탕으로 정리도 해야 합니다. 여기에서 찾아낸 내용과 키워드들을 토대로 면접 답변을 준비해야 하기 때문입니다. 긍정적인 내용들로 연관 지을 수 있는 키워드들은 각 항목 아래에 정리했으니 참고하면 좋겠습니다.

학교생활기록부는 여러분만의 잠재력, 성장 가능성, 활동 실적, 상세한 내용, 구체적 사례 등을 찾을 수 있는 보석과 같은 자료라는 점을 기억해 두세요.

① 출결상황

출결은 여러분의 학교 생활에 대한 성실성을 입증할 수 있는 가장 명확한 항목입니다. 학교생활기록부의 일부 항목은 선생님들의 교육 철학 등에 따라 단어나 뉘앙스의 차이가 있을 수 있습니다. 그러나 이 출결상황만큼은 어떤 주관적인 관점도 들어갈 수 없는, 가장 객관적인 항목입니다. 또한 출결에 관한 모든 것은 교육부의 규정 및 학교의 학업성적을 관리하는 회의에서 정해

지기 때문에 누구에게나 동일하게 적용되는 항목입니다.

출결상황에서 가장 긍정적인 내용은 미인정 결석, 지각, 조퇴가 단 1회도 없는 경우입니다. 미인정으로 기록되는 경우는 여러 법률이나 시행령에 따른 출석정지, 범법행위를 포함, 태만, 가출, 출석 거부 등 고의로 결석한 경우나 기타 합당하지 않은 사유 등이 있습니다. 따라서 미인정과 관련된 출석 이슈가 없다는 것은 가장 기본이면서도 긍정적인 내용이 됩니다.

개근이나 정근 역시 좋습니다. 이는 학생의 성실성을 입증할 수 있는 내용이 됩니다. 더불어 질병 결석, 지각, 조퇴가 빈번하지 않는 경우도 긍정적으로 볼 수 있습니다. 물론 아픈 것이 나쁜 것은 당연히 아닙니다. 누구든 아픈 날이 있을 수 있지요. 또 선천적으로 몸이 약할 수도 있고요. 그러나 잦은 지각이나 조퇴, 결석보다는 체력 관리를 잘해 학교 생활을 성실하게 했다는 것이 강점이 될 수 있는 것은 분명합니다.

출결상황 관련 긍정 키워드

성실　근면　체력 관리　체력 안배　꾸준함　학교 생활　규칙적　…

② 창의적 체험활동상황

창의적 체험활동상황에는 다양하고 많은 내용이 담겨 있습니다. 우리가 학교에서 했던 많은 활동들 중 교과를 제외한 대부분의 활동이 '창의적 체험활동상황'에 포함되어 있다고 보아도 무방합니다. 그래서 기록된 내용이 많아 어떤 내용이 중요한 것인지도 찾아내기가 어려울 수도 있지요. 지금부터 하나씩 살펴봅시다.

▲ 자율·자치활동

전교 회장이나 부회장 등을 역임했거나 학생회 임원 등 학교 내 여러 활동으로 인해 특별하게 나의 역할과 그 활동이 작성된 경우 키워드들을 찾기가 쉽습니다. 근거가 명확하고 다양한 활동을 한 경험이 있기 때문에 어렵지 않게 여러분의 성향, 관련 업무를 맡아 진행한 경험 등과 연관 짓기 쉽지요.

학교 생활을 열심히 한 학생은 기본적으로 적극적인 면모나 협동, 배려심 등을 가진 학생일 가능성이 높습니다. 만약 학교생활기록부에 학교 활동에 이바지하거나 적극적으로 활동한 내용 등이 뚜렷하게 작성되어 있다면 리더십 역량, 봉사성이 있다는 것을 증명하는 것입니다. 특히 '적극적', '봉사' 등의 단어가 있다면 면접에서 활용할 수 있도록 체크하는 것이 좋습니다.

학교 생활, 학교 활동에 관해 특별한 내용이 기록된 것이 없는 경우라도, 여러분이 했었던 학교 활동 중에 인상 깊게 느꼈던 내용이 있다면 따로 정리하는 것이 면접에 많은 도움이 됩니다. 학생 회장 선거에서 당선되지 않았거나 학생회 면접에서 탈락했더라도 그 안에서 배울 수 있었던 내용을 찾는 것도 좋습니다.

▲ 동아리활동

고등학교에서는 동아리 활동을 중요하게 여기는 경우가 많습니다. 진로와 연계 가능한 동아리 활동은 대입에도 많은 영향을 미칠 수 있기 때문입니다.

따라서 동아리 활동 시간에 적극적인 모습을 보였다거나, 동아리 운영에 도움이 되었다는 내용이 기록되어 있는지 살펴보아야 합니다. 특히 자신이 현재 꿈꾸고 있는 진로와 연계할 수 있는 동아리 활동이라면 여기에서 배운 점이나 깨달은 점이 무엇인지 생각해 두세요. 특히 자율동아리 활동을 했다면 그 내용은 더욱 구체적으로 정리해 두는 것이 좋습니다.

학교스포츠클럽 활동 내용 역시 면접에 활용할 수 있는 경우가 많습니다. 따라서 어떤 스포츠클럽활동을 했는지 찾아 체크해 두세요. 특히 체육 활동을 통해 배울 수 있었던 경기 운용 방법, 경쟁심, 친구들과의 갈등과 협력, 체육 관련 기술 익히기, 그로 인한 성장 등 다양한 상황 속에서 배우고 깨달은 내용을 자신만의 이야기로 만들 수 있도록 분석하는 활동이 필요합니다.

▲ 진로활동, 봉사활동

진로활동 영역에 자신의 꿈과 연계된 활동이 작성되어 있다면 객관적으로 명확하게 활용할 수 있는 면접 답안 소재가 됩니다. 그러나 현실적으로는 개인적으로 자신의 진로와 연계된 활동을 뚜렷하게 하지 않았다면 진로활동 영역에 특별한 내용이 기록되지 않았을 수도 있습니다. 봉사활동 역시 요즘 학교에서는 최소한의 교육 등을 통해서만 진행되고 있기에 비슷합니다.

만약 개인적으로 봉사활동을 한 내용을 기록했다면 이 부분을 꼭 자신의 강점으로 생각해 두고 자신을 나타내는 키워드로 연계하는 것이 좋습니다.

창의적 체험활동상황 긍정 키워드

③ 교과학습발달상황

고등학교 입학 전형이 있는 학교들 중 대부분은 '자기주도학습 영역'을 설정해 학생이 어떤 방식으로 학습을 진행해 왔는지 파악하고자 합니다. 따라서 이 영역은 면접에서 직접적으로 활용하게 되는 핵심 영역 중 하나이지요.

따라서 이 영역을 통해 지원자의 학습 습관, 학습 방향 등이 드러날 수 있습니다.

그러나 이 영역은 학교생활기록부 출력 시 제외하거나 몇몇 부분만 선택해서 보이게끔 하여 제출하도록 하는 학교들도 많이 있습니다. 그렇기에 교과 성적을 면접에서 직접적으로 언급할 필요는 없습니다. 여러분 스스로 분석을 통해 가장 자신 있는 과목, 가장 적극적으로 활동한 수업 시간 등을 객관적으로 파악하고 면접 때 활용할 수 있도록 하면 됩니다.

교과학습발달상황은 성취도와 세부능력 및 특기사항 등으로 구성되어 있으며 대부분 2,3학년 성적에서는 원점수도 드러나 있으므로 나의 중학교 성적을 객관적으로 알아보기 좋습니다.

특히 '세부능력 및 특기사항'이 작성되어 있다면 그 과목에서 우수한 성취를 보였다는 것을 입증하는 것입니다. 세부능력 및 특기사항(세특)을 꼼꼼하게 분석하면 자기소개서 및 면접에서 활용할 수 있는 내용이 많습니다. 여러분은 시간이 지나 기억하지 못해도 수업 시간에 활동했던 학습 내용 등이 작성되어 있는 경우가 많습니다. 여기에서 찾을 수 있는 긍정적인 키워드들은 자기주도학습과 관련된 면접 답변 시 활용하기 좋습니다.

교과학습발달상황 긍정 키워드

자기주도적 적극적 빠른 명확한 원리 파악 종합적 높은 이해력
학업 성취 역량 철저한 준비 학습 태도 노력 극복 꾸준함 …

④ 자유학기활동상황

자유학기활동상황은 대부분 학교생활기록부에 비슷한 내용이 작성되는 경우가 많습니다. 성적이 뚜렷하게 점수로 나오는 시기가 아니기 때문에 평가를 명확하게 하기 어려운 부분도 있기 때문입니다.

따라서 자유학기활동상황에서는 나만의 뚜렷한 활동을 찾기보다는 '배운 점', '깨닫게 된 것들', '진로 연계'와 관련된 키워드를 찾는 것이 좋습니다. 예를 들어 자유학기활동 시간에 우리 사회에 도움이 되는 디자인이 들어간 제품을 만드는 활동을 했다고 가정해 봅시다. 만약 여러분이 상품 디자이너나 상품 기획자 등을 진로로 생각하고 있다면, 이 활동을 통해 공익적 디자인을 하는 디자이너가 되고 싶다는 꿈을 갖게 되었다는 것으로 연관 지을 수 있는 것입니다.

이와 같이 특별히 나의 진로와 연관된 부분이 있다면 그 활동을 유기적으로 연결하여 면접 답안을 생각하면 됩니다.

자유학기활동상황 관련 긍정 키워드

활동 중 에피소드 　 나의 꿈과 연계 　 의미 있는 　 조화

경험 　 흥미 　 호기심 　…

⑤ 독서활동상황

이 영역은 여러분의 독서 활동에 대한 증거로 활용 가능하기에 면접 답변 시 영향력이 있는 부분입니다. 만약 읽은 책의 수가 많고 어느 정도 비슷한 분야의 책을 읽었다면 진로와 연계가 가능하도록 스토리텔링을 생각하는 것이 좋습니다. 즉, 이와 같은 책들을 읽으며 진로에 대해 많은 것을 생각해 보고

배울 수 있었다는 것으로 답변할 수 있겠지요. 물론 읽은 책의 수가 많지 않더라도 책들을 연관 지을 수 있는 것이 좋습니다.

가장 중요한 것은 내가 읽었던 책의 중심 내용을 숙지해야 한다는 것입니다. 특히 누구나 읽었을 법한 책이라면 책 속의 중요 이론 등에 대해서도 질문이 나올 수 있으니 대비해야 합니다. 종종 삶의 방향이나 가치관 등이 어떤 책을 통해 정립되었는지 묻기도 합니다. 또한 가장 인상 깊었던 책에 대한 소개도 자주 나오는 단골 질문이라는 점도 기억해 주세요.

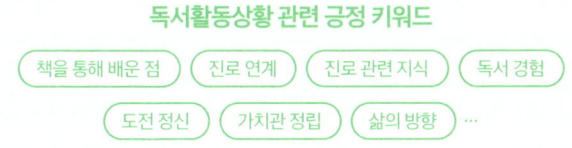

독서활동상황 관련 긍정 키워드

(책을 통해 배운 점) (진로 연계) (진로 관련 지식) (독서 경험)
(도전 정신) (가치관 정립) (삶의 방향) …

⑥ 행동특성 및 종합의견

이 영역은 출결상황과 함께 면접의 합격 여부를 결정지을 수 있는 중요한 부분입니다. 이 부분은 담임 선생님들께서 선생님들만의 관점에서 여러분의 행동과 학교생활을 기록한 것입니다. 물론 선생님들마다 이 영역을 작성하시는 방법도, 스타일도, 그리고 여러분에 대한 생각도 다를 수 있기에 주관적 영역이라 볼 수 있지요.

이 영역에는 인성, 학습, 개별 특성이 모두 담겨 있습니다. 그러므로 여기에 적혀 있는 나의 특성들 중 긍정적인 단어는 반드시 체크하는 것이 좋습니다. 특히 1학년과 2학년의 행동특성 및 종합의견에서 반복되는 단어는 나를 나타내는 핵심 키워드라고 볼 수 있습니다. 그렇기 때문에 반복되는 긍정적 단어는 면접 답변에서도 활용하는 것이 좋습니다.

반대로 걱정할 수 있는 것은 부정적인 내용, 즉 여러분에게 여러모로 불리한 내용이 들어있을 수 있다는 점이겠지요. 그러나 행동특성 및 종합의견 역시 바꿀 수 없습니다. 그렇기 때문에 이 영역을 꼼꼼하게 분석하고, 부정적인 내용을 어떻게 극복해 내기 위해 노력했는지 구체적으로 답변할 준비를 해야 합니다.

더불어 부정적인 내용은 직접적으로 적혀 있을 수도 있으나 그 의미를 유추해야만 파악할 수 있는 것도 있습니다. 맥락을 파악해서 혹여라도 부정적으로 비춰질 수 있는 모든 내용에 대해서 대비하는 것이 좋습니다.

행동특성 및 종합의견 관련 긍정 키워드

긍정적 꾸준함 성실함 배려 협동
자기주도적 예의 바른 경험 차분함 적극적 높은 참여도
나눔 학습 역량 애정 공감 …

2장 | 지원 학교 홈페이지 집중 탐색하기

KEY POINT!

Q 지원 학교 홈페이지는 면접 답변을 위한 단서가 됩니다.

Q 교육 목표, 인재상, 학교 특색 프로그램을 반드시 확인하세요.

Q 학교 관련 최근 뉴스, 공지 사항 등도 확인하는 것이 좋습니다.

면접을 준비하기 전, 가장 쉽고 빠르게 답변 키워드를 얻을 수 있는 곳은 지원하는 학교의 홈페이지입니다. 여러분이 지원한 학교들은 대부분 사립고 등학교가 많습니다. 사립학교는 재단이 이념을 가지고 설립한 학교입니다. 그렇기 때문에 학교의 교육 이념 등을 살피고, 학교만의 특성을 알아보기 위해서는 학교 홈페이지의 각 탭을 꼼꼼히 살펴보는 것이 중요합니다. 공립이나 국립 학교도 학교가 지향하는 바가 있기 때문에 사립고등학교와 비슷한 방법으로 홈페이지를 살펴 보세요.

특히 학교의 **교육 목표, 인재상** 등과 현재 나의 모습이나 생각이 현저히 어긋난다면 아무리 많은 장점을 가졌더라도 자신의 장점이 잘 드러나지 않을 수 있습니다. 그렇기 때문에 지원하는 학교와 나의 가치관이 크게 어긋나지 않도록 답변을 준비하는 것이 필요합니다.

　다음은 홈페이지에서 살펴야 하는 내용입니다. 물론 학교마다 홈페이지 구성이 다르기 때문에 비슷한 제목, 내용 위주로 살펴보면 됩니다.

항목	내용
학교안내	학교장 인사말, 학교연혁, 건학이념, 교육목표, 학교현황, 학교행사, 교훈, 상징 등
입학안내	신입생 입학안내, 학교홍보, 유의사항, 기출문제(제공하는 경우) 등
교육활동	학사일정, 학교교육계획서, 학교교육과정 등
생활안내	학교생활가이드, 학교자치활동규정, 학생회, 규정집, 동아리활동 등

　학교 홈페이지 속 정보들을 바탕으로 단골 면접 질문이 많이 나오기 때문에 1시간에서 2시간 정도는 시간을 들여 분석하는 활동이 필요합니다. 특히 '지원 동기'나 '진학 후 계획' 등에서 활용할 수 있는 내용들을 위주로 살펴보세요. 언급된 항목들을 자세히 이야기해 봅시다.

1) 학교안내

　이 부분에는 학교장 인사말, 건학이념, 교육목표, 교훈, 상징 등이 포함되어 있을 것입니다. 만약 이 부분에 포함된 내용이 면접 때 질문으로 나왔을 경우, 이에 대해 대답하지 못한다면 면접관들은 지원하는 학교에 대한 지식이 없다고 생각하실 수 있습니다. 더불어 지원하는 학교에 입학하고자 하는 의지나 지원 동기가 떨어진다고 판단할 수밖에 없습니다. 그렇기 때문에 꼼꼼하게 숙지하는 것이 중요합니다.

　만약 학교 건학 이념이 종교와 연관되어 있다면 그 부분 역시 공부해 두어야 합니다. 쉽게 말해 여러분이 지원하는 학교가 종교와 연관이 있는 학교라면, 여러분의 견해를 반드시 정리해 두어야 한다는 것입니다. 특히 종교에 대한 부분은 민감할 수 있기 때문에 자칫 잘못 답변하면 자신에게 불리하게 적용할 수 있습니다. 또한 면접을 통과하더라도 학교에 다니면서 가치관에서 오는 어려움에 처할 수 있겠죠. 따라서 면접 시 학교 종교에 대한 생각은 신중하게 표현해야 합니다.

학교의 인재상 역시 홈페이지에서 확인할 수 있습니다. 이 인재상 역시 면접에서 여러 방면에 활용이 가능합니다. 답변 시 지원하는 학교를 과하게 칭찬하는 것은 어색하지만, 학교가 원하는 인재상과 관련된 내용을 답변에 적절히 융합하여 언급한다면 지원자가 학교에 대해 충분히 이해하고 있음을 보여줄 수 있습니다.

학교의 역사, 현황, 행사 등도 반드시 분석해야 합니다. 설립 역사가 오래된 학교라면 주목할 만한 역사적 사건이 있을 수 있습니다. 또한 학교 현황에는 학교만의 특색 있는 공간이 소개되어 있으며, 이를 학교 행사와 연계해 진학 후 계획에 활용할 수 있습니다. 특히 학교 행사는 해당 학교만의 독창성이 드러나므로 자신의 진로와 연결할 수 있는 부분을 찾아보는 것이 좋습니다.

2) 입학안내

입학 안내에는 신입생 모집과 관련된 내용이 담겨 있습니다. 이 과정에서 학교 홍보 자료를 통해 다양한 학교 관련 지식을 얻을 수 있습니다.

가장 중요한 것은, 안내문 속 유의사항입니다. 여기에는 면접 진행 방식 및 면접 과정에서 하지 말아야 할 행동과 발언이 포함되어 있을 수 있습니다. 따라서 안내문을 꼭 숙지해 두어 면접 시 불이익을 받지 않도록 해야 합니다.

또한 학교에 따라서는 이전 학년도 입학 면접 기출 문제를 공개해 두는 경우도 있으므로 반드시 확인하는 것이 좋습니다. 또한 지원한 학교가 아니더라도 인근 학교나 전국적으로 유명한 고등학교에서 공개한 기출 문제들도 도움이 됩니다. 이를 분석하고 답안을 미리 작성해 보는 등의 연습을 해 보세요. 이를 통해 면접에 대한 자신감을 얻을 수 있습니다.

3) 교육활동

학생 입장에서는 아직까지 지원하는 학교의 교육과정 등을 구체적으로는 알기 어려울 수 있습니다. 그러나 여러분에게 영향을 줄 수 있는 최신 교육 정책 및 지원하는 학교의 특색 있는 교육활동에 대해 어느 정도는 알고 있는 것이 좋습니다.

먼저 학사일정을 통해 학교의 다양한 활동과 행사가 언제 진행되는지 파악해야 합니다. 또한 학교교육계획서나 학교교육과정을 살펴보면 선택 과목에 대해서도 알 수 있습니다. 선택 과목은 매년 조금씩 바뀔 수 있지만 사립학교의 경우 교사의 이동이 공립학교에 비해 상대적으로 적기 때문에 비교적 비슷하게 유지되는 경향이 있습니다. 따라서 선택 과목 현황을 반드시 확인하는 것이 중요합니다. 이렇게 해야 면접에서 진학 후 계획에 관한 질문이 나왔을 때, 나의 진로와 연계해 어떤 선택 과목을 공부하고 싶은지 구체적으로 답변할 수 있습니다.

이러한 정보는 면접뿐만 아니라 실제 합격 후 입학했을 때 바로 적용되는 내용이므로 꼼꼼히 살펴두면 큰 도움이 됩니다. 또한 봉사활동이나 다양한 학교 행사 같은 비교과 교육활동에 대해서도 반드시 숙지해 두어야 합니다.

4) 생활안내

학교에서 학생회 활동을 하고 싶은 학생들은 미리 학생회 관련 활동이나 조직도를 확인해 두면 큰 도움이 됩니다. 또 학생회에서 내세운 공약, 실천된 공약 등을 조사해 보는 것도 도움이 됩니다.

또한 생활 안내에는 가장 중요한 내용 중 하나인 동아리 안내가 포함되어 있으므로 반드시 확인해야 합니다. 동아리는 면접에서 자신의 꿈, 관심사, 성장 가능성 등을 어필하기 좋은 소재가 됩니다. 따라서 어떤 동아리가 있는지 꼼꼼히 살펴본 후, 중학교 때의 활동이나 자신의 진로와 연계할 수 있는 동아리를 미리 선택해 두는 것이 바람직합니다.

동아리를 선택할 때는 단순히 '이유 없이', '재미있어 보여서'와 같은 무관심한 태도를 보이는 것은 좋지 않습니다. 선택 이유를 자신의 경험과 진로와 연결해 구체적으로 설명해야 합니다.

언론이나 매스컴 등을 통해 학교가 어떻게 홍보되고 있고, 학교에서 일어난 좋은 일들을 알아두는 것도 도움이 됩니다.

3장 | 자기소개서와 면접의 연결고리 만들기

KEY POINT!

Q 자기소개서와 일치된 면접 답안을 구성하세요.

Q 자기소개서에 사용된 단어와 관련해 예상 답안을 준비하세요.

Q 모든 질문에 대한 답변 암기보다, 자기소개서의 비슷한 핵심 키워드를 활용할 수 있는 유형끼리 정리하세요.

이 책은 '면접 답안 준비'에 초점을 맞춘 책입니다. 따라서 여러분이 이미 자기소개서를 작성했다고 가정하고, 자기소개서와 면접 답안의 연계성에 집중해 면접 준비를 돕고자 합니다.

여러분은 자기소개서를 작성할 때 어떻게 했나요? 보통 여러 차례 수정과 보완을 거친 뒤 가족이나 선생님, 친구들의 확인을 받아 제출했을 것입니다. 그렇기 때문에 자기소개서에는 어느 정도 정제된 내용이 담겨 있습니다.

그러나 자기소개서와 달리 면접은 아무리 준비를 하더라도 상황 자체가 즉흥적일 수밖에 없습니다. 따라서 이미 제출한 자기소개서의 내용과 일치하는 답을 할 수 있도록 연습해야 합니다. 면접 답안과 자기소개서 내용이 크게 불일치하거나, 답변과는 관련이 없이 지나치게 추상적이고 일반적인 대답을 하는 학생에게는 면접관들이 좋은 점수를 주기 어렵다는 점을 꼭 기억해 두어야 합니다.

1) 자기소개서 읽기

자기소개서를 작성하고 나서 며칠이 지나면 자기소개서 내용이 잘 기억이 나지 않을 수도 있습니다. 그렇기 때문에 앞서 학교생활기록부를 살펴본 것처럼 자기소개서를 출력하거나 태블릿 PC의 화면에서 밑줄이나 표시가 가능하도록 설정해 주세요. 그 후 자기소개서를 꼼꼼히 두 번 정도 읽어 보세요. 그러면 자기소개서의 내용이 파악될 것입니다. 잘못 쓴 부분이나 어색한 표현도 눈에 들어올 수 있습니다.

하지만 면접관은 많은 학생의 자료를 보시기에 사소한 실수는 보이지 않을 수 있습니다. 그렇기 때문에 작은 실수에 집착하기보다 자기소개서에 담긴 핵심 메시지가 무엇인지 파악한다는 마음으로 읽고 핵심 키워드에 체크해 봅시다.

2) 자기소개서에 사용된 단어를 활용한 관련 예상 답안 준비

여러분의 자기소개서에 사용된 단어, 즉 키워드를 선별해 키워드끼리 연계하는 연습이 필요합니다. 많은 학교에서 면접 시 공통 질문을 제시하기도 합니다. 그러나 이 경우를 제외하고는 각 학생의 자기소개서 내용을 기반으로 질문하는 경우가 많습니다. 이때 면접관은 학생이 작성한 자기소개서를 꼼꼼하게 전부 읽기보다는, 자기소개서 안의 핵심 내용을 파악하고 그와 관련된 질문을 하게 됩니다. 따라서 여러분이 자기소개서 내의 핵심 키워드를 정리하고 그에 따른 예상 답안을 준비하는 것이 선행되어야 합니다.

다음은 자기소개서의 예시입니다. 이 문단에서 어떤 핵심 단어들이 있는지 직접 생각해 보세요.

> 중학교 3년 동안, 동네 복지관에서 운영하는 봉사 활동에 월 1회 정기적으로 참여하며 다른 사람들을 돕는 법을 배웠습니다. 이를 통해 이웃과 함께 나누는 마음이 중요하다는 것을 깨닫고, 사회에 공헌하는 일에 관심을 갖게 되었습니다.

이와 같은 자기소개서 내용이 있다고 가정할 때, 중요한 핵심 단어는 다음과 같습니다.

> **중학교 3년 동안**, 동네 **복지관**에서 운영하는 **봉사 활동**에 월 1회 **정기적**으로 참여하며 **다른 사람들을 돕는 법**을 배웠습니다. 이를 통해 **이웃과 함께 나누는 마음**이 중요하다는 것을 깨닫고, **사회에 공헌하는 일**에 관심을 갖게 되었습니다.

진하게 표시한 부분이 바로 중요한 단어, 즉 면접에서 질문으로 이어질 수 있는 단어입니다. 그러므로 이와 같이 자기소개서의 핵심 단어들을 파악한 후, 거의 암기하다시피 여러 번 보는 활동이 필요합니다.

위의 한 문단짜리 짧은 글을 바탕으로 면접에서 나올 수 있는 예상 질문 리스트를 살펴보면 다음과 같습니다.

☑ 복지관 봉사활동에 지원하게 된 계기는 무엇인가요?

☑ 정기적으로 봉사활동을 하면서 힘들었던 점은 무엇이었나요?

☑ 봉사활동의 가치는 무엇이라고 생각하나요?

☑ 이웃과 함께 나눈 경험을 구체적으로 설명해 보세요.

☑ 봉사활동을 할 때 가져야 할 마음가짐은 무엇인가요?

☑ 사회 공헌과 자신의 봉사 경험을 연관 지어 설명해 보세요.

☑ 우리 고등학교에서 이루어지는 봉사나눔 활동에 대해 아는 대로 말해 보세요.

☑ 우리 지역 사회에 도움이 될 수 있는 봉사활동을 직접 기획해 설명해 보세요.

☑ 앞으로 사회에 어떻게 공헌하고 싶은가요?

☑ 현재 우리 사회에 도움이 되고 있는 봉사활동에는 어떤 것들이 있는지 아는 대로 말해 보세요.

이외에도 다양한 질문이 나올 수 있습니다. 그렇다고 해서 모든 질문마다 예상 답변을 따로 준비할 필요는 없습니다. 현실적으로도 불가능하고요. 여러분이 면접을 준비하다보면 직접 느끼실 수 있는 것은 몇 가지 답변만으로도 같은 내용과 유형의 질문을 충분히 커버할 수 있다는 것입니다.

그러므로 지금 여러분이 가장 먼저 해야 할 일은 자기소개서를 분석해 핵심 단어, 즉 키워드를 찾아 정리하는 것입니다. 키워드들을 충분히 준비한다면, 면접을 위한 기본 재료는 이미 갖추어진 셈이 됩니다.

Q 나이스 대국민서비스가 무엇인지 잘 모르겠어요.

A 나이스 대국민서비스는 학교생활기록부 출력뿐만 아니라 교육 및 학교생활과 관련해서도 여러모로 활용할 수 있는 디지털플랫폼입니다. 체험학습 신청을 나이스 대국민서비스를 통해 받는 학교들도 점차 늘고 있지요. 여러분은 고등학교 입시를 위해 학교생활기록부를 살펴봐야 하므로 활용하는 편이 좋습니다. 승인 신청 등의 절차가 어려운 경우 담임선생님께 문의하는 것이 좋습니다.

Q 나이스 대국민서비스에서 학교생활기록부를 출력해 지원하는 학교에 제출해도 되나요?

A 지원 학교에서 요구하는 학교생활기록부는 대부분 나이스 대국민서비스에서 출력한 자료로 제출할 수 없는 경우가 많습니다. 학교로 제출하는 학교생활기록부는 반드시 학교에서 출력한 후 원본대조필, 각종 확인 등을 요구하기도 합니다. 각 학교마다 다르기 때문에 학교생활기록부 제출로 인한 불이익을 받지 않도록 사전에 확인해야 합니다.

Q 3학년 1학기 때 제출한 독서활동상황을 보고 싶어요.

A 학교생활기록부는 당해 학년도(3월 1일~다음 해 2월 말)의 내용은 열람이 어려운 경우가 많습니다. 독서활동 내용을 확인하고 싶다면 담임 선생님께 말씀드려 내용을 확인하는 것이 가장 확실한 방법입니다.

Q 질병으로 인한 지각, 조퇴 등이 많은데 괜찮을까요?

A 아픈 것이 결코 잘못은 아닙니다. 그러나 체력이 중요하게 평가되는 학교나 '근면', '성실'을 가치로 여기는 학교라면 이에 대한 부연 설명이 필요합니다. 면접에서 이와 관련된 질문이 나올 수 있기 때문입니다. 어떻게 치료하거나 극복

했는지 답변을 준비하는 것이 좋습니다. 만약 심각한 질병이 아닌 단순히 심리적 요인이나 습관 때문이었다면 이 역시도 어떻게 극복했는지 확신 있게 답변을 준비하는 것이 좋습니다.

Q 학교생활기록부를 분석하지 않고 작성한 자기소개서를 제출한 것 같아요.

A 지금이라도 자기소개서와 학교생활기록부의 내용을 연계할 수 있다면 괜찮습니다. 그러나 이 둘이 전혀 다른 내용만을 담고 있다면 이에 대해 관련 질문이 나올 수 있으므로 준비가 필요합니다. 예를 들어 자기소개서에서는 규칙적인 사람으로 자신을 표현했는데 학교생활기록부에 지각·결석이 많다면 이를 어떻게 개선했는지와 현재의 변화된 모습을 구체적으로 답변할 수 있어야 합니다.

Q 종교적 이념이 뚜렷한 학교를 지원했는데, 면접에서 종교에 대한 질문에 무관심을 표현하는 것이 나을까요?

A 면접 분위기나 답변 방식에 따라 달라질 수 있습니다. 그러나 학교의 종교적 이념 또한 중요한 학교 정보이므로 무관심으로 일관하는 것은 긍정적인 인상을 주기 어렵습니다.

Q 지원하려는 학교 홈페이지에서 정보를 찾고 싶은데, 학교안내와 입학안내 외에는 로그인을 해야만 볼 수 있습니다. 어떻게 해야 할까요?

A 학교 홈페이지에서 확인 가능한 부분은 최대한 정보를 수집합니다. 그 이후 더 필요한 정보는 학교알리미(www.schoolinfo.go.kr)나 인터넷 검색을 통해 보완하면 됩니다. 검색을 통해 얻은 정보는 신뢰할 수 있는 기관의 정보인지도 확인해 주세요.

Q 학교 연혁도 외우는 것이 좋을까요?

A 학교 연혁을 세세하게 외울 필요는 없습니다. 다만 설립 연도나 주요 역사적 사건 한두 가지는 알고 있으면 면접 답변에 도움이 될 수 있습니다.

Q 이미 제출한 자기소개서에서 잘못 쓴 부분이 보이면 어떡하나요?

A 제출한 자기소개서는 수정할 수 없습니다. 그러나 이를 보완할 수 있는 것이 바로 면접입니다. 자기소개서의 의도와 맥락을 정확히 이해하고 이에 대해 답변할 수 있다면 문제가 되지 않습니다. 사소한 단어, 문장 실수는 면접관이 크게 신경 쓰지 않을 가능성이 높습니다.

Q 키워드를 어떻게 뽑아야 할지 모르겠어요.

A 키워드는 ① 내가 한 활동, ② 구체적 장소·기간, ③ 진로 관련 요소, ④ 배움, ⑤ 깨달음 등으로 나누어 정리하면 됩니다. 꼭 단어가 아니어도 됩니다. 쉽게 말해 해시태그와 같은 역할을 하는 것이지요. 키워드를 뽑는 것은 정답이 정해져 있지 않습니다. 그저 '나'를 드러낼 수 있는 중요한 요소들을 선택한다고 생각해 주세요.

Q 자기소개서 내용이 추상적으로 보입니다. 어떻게 해야 할까요?

A 이미 제출한 자기소개서를 바꿀 수는 없습니다. 그렇기 때문에 면접에서는 반드시 구체적인 경험이나 사례를 추가로 넣어 답변한다고 생각하면 됩니다. 자기소개서가 구체적이지 않아도 면접에서 구체적으로 만들 수 있습니다. 이미 낸 자기소개서를 걱정하기보다는 앞으로 있을 면접에서 더 좋은 모습을 보이도록 준비해 봅시다.

준비하기

: 면접의 원리로 기초 완성

#필수키워드 #논리전개 #사례적용 #표현력향상 #태도관리

면접 준비의 기초는 나를 드러내는 필수 키워드를 정리하는 것에서 시작합니다. 그 키워드를 중심으로 답변을 논리적으로 구상하고 구체적인 사례를 적용할 때 설득력이 생깁니다. 여기에 표현력을 향상시키고, 좋은 태도를 더한다면 자신감 있는 답변이 완성됩니다.

1장 | 면접용 핵심 키워드 정리하기

KEY POINT!

- 🔍 나에 대한 키워드를 유형별로 분류합니다.
- 🔍 긍정 키워드와 부정 키워드를 함께 생각합니다.
- 🔍 부정 키워드는 반드시 해결 방안까지 같이 정리해 주세요.

이제 STEP 1에서 뽑아 놓은 키워드를 정리해 봅시다. 키워드들을 잘 정리해야 면접에서 나를 표현할 때 제한된 시간 안에 적절하게 답변을 할 수 있습니다.

아직 정리가 되지 않은 수많은 키워드를 어떻게 '나'와 연관된 키워드로 정리할 수 있을지 감이 잡히지 않을 수도 있습니다. 불안해하지 마세요. 문제 풀이가 없는 일반적인 면접이라면 크게 '인성'과 '학습'에 관한 내용으로 이루어졌다고 해도 과언이 아닙니다. 그러므로 이 두 가지에 수많은 키워드를 압축적으로 담아내면 되는 것입니다. 그리고 결국 이 두 가지 영역은 연결되어 있기 때문에 몇 번의 연습을 통해 대부분의 질문에 답을 할 수 있게 됩니다.

키워드는 각 유형별로 '나'를 설명할 수 있는 단어나 문구라고 생각하면 됩니다. 고입 면접을 위한 키워드 유형을 다음과 같이 나누어 보았습니다.

인성	학습
① 생활 습관 ② 대인 관계 ③ 가치관	① 진로 ② 자기주도학습 ③ 지원 동기

어떤 내용이 들어갈지 모르겠다면 예시를 통해 살펴봅시다.

인성	학습
① 생활 습관 계획적, 성실함, 1일 1운동, 학습일기 작성 **② 대인 관계** 협력, 3년 동안 학급 임원, 모둠 활동 의견 조율(모둠원 역할 조정), 멘토-멘티(상처받지 않는 단어 사용) **③ 가치관** 상황 먼저, 나의 실수 인정하기, 공익 우선, 2학년 담임 선생님(열린 마음), 교학상장, 지치지 않고 꾸준히 하기	**① 진로** 사회복지 전공, 다큐멘터리, 관련 독서 **② 자기주도학습** 관련 독서, 관련 과목(수학 등), 관련 과목에 대한 노력, 성적이 오르지 않는 과목 매일 기초+심화 문제 풀기 **③ 지원 동기** 인류 사회에 공헌하는 이념, 이웃사회 동아리활동, 주1회 봉사활동 참여

예시를 보니 어떤 내용이 들어가면 좋을지 감이 오지요? 차근차근 키워드를 정리하면서 면접 답안의 기초를 만들어 봅시다.

1) 인성

① 생활 습관

▲ 성실함: 약속, 학교 규칙 지키기, 꾸준함, 운동

▲ 꾸준함: 끝까지 수행, 학교 내 다양한 역할 완수

▲ 시간 관리: 계획적, 자투리 시간 활용, 시간 엄수

▲ 정리정돈: 공간, 필기 정리, 준비물 관리

위의 내용은 생활 습관과 관련된 예시 키워드들입니다. 생활 습관은 여러분의 하루 루틴을 생각해 보면 쉽게 답이 나옵니다. 아침에 어떻게 일어나고, 공부는 어떤 방식으로 계획하는지 떠올려 보면 나의 생활 습관과 관련된 키워드가 나오게 되지요. 또한 앞서 분석했던 학교생활기록부의 '출결상황'과 '행동특성 및 종합의견'에서 생활 습관 관련 키워드를 찾아 활용할 수 있습니다.

② 대인 관계
▲ 협력/팀워크: 친구, 팀 활동 의견 조율, 역할 수행

▲ 배려/공감: 타인의 감정 이해, 작은 도움 실천

▲ 의사소통 능력: 말하는 태도, 경청, 전달력

▲ 리더십/주도성: 상황에 따라 역할 맡기, 문제 해결 주도

대인 관계 영역은 결국 나와 타인이 함께 좋은 방향으로 나아가도록 문제 해결을 어떻게 이끌어 내는지를 살펴보는 것이 핵심입니다. 이 부분도 학교생활기록부를 분석한 내용에서 찾을 수 있습니다. 특히 대인 관계와 관련해서는 구체적인 사례를 두세 개 정도 미리 준비해 두면 좋습니다. 예를 들어 학급 활동이나 학교 활동에서 갈등이 발생해 어려움을 겪었을 때, 현실적인 노력을 통해 원활하게 활동을 마무리했던 경험을 떠올리는 것이 효과적입니다.

③ 가치관
▲ 인생 철학: 정직함, 책임감, 자기 성찰

▲ 본받고 싶은 사람: 선생님이나 사회적 인물 등 1~2명

▲ 사회적 가치: 토론 주제에 대한 찬반 입장 고르기

▲ 나를 나타내는 표현: 사자성어, 좌우명, 인생 문구

가치관 영역은 기본적으로 나의 인생 철학, 즉 인생에서 추구하는 바와 관련된 내용이라고 보면 됩니다. 내가 가장 중요하게 여기는 가치들은 무엇인지 키워드로 정리해 보세요. '나는 꼭 이것만은 지키는 사람이 되고 싶다'와 같은 문장을 떠올리면 몇 가지 키워드로 압축할 수 있습니다.

본받고 싶은 사람은 주변 인물 한 명, 사회적으로 유명한 인물 한 명 정도로 정리해 놓으면 됩니다. 이때 그 이유가 구체적이고 명확해야 합니다. 만약 사회적 유명 인사를 본받고 싶은 이유를 찾기 어렵다면, 검색을 통해 긍정적인 사례들을 찾아보는 것도 좋습니다.

아울러 토론 주제로 자주 등장하는 주제들(동물 실험, 선거 연령 하향 조정 등)을 살펴보고 자신이 어느 쪽 입장에 가까운지 주장과 근거를 한두 가지 정도 키워드로 정리해 두면 도움이 됩니다.

다음은 청소년들에게 자주 활용되는 몇 가지 토론 주제입니다. 이외에도 검색을 통해 청소년들을 위한 다양한 토론 주제를 찾아보고, 자신의 입장과 근거를 키워드로 정리해 두면 좋습니다.

자주 나오는 토론 주제

- 중·고등학생의 아르바이트를 허용해야 한다.
- 동물 실험은 금지해야 한다.
- 군 복무는 의무적으로 유지되어야 한다.

- 공공장소의 CCTV 감시는 반드시 필요하다.
- 학교 급식은 메뉴를 선택할 수 있도록 해야 한다.
- 사형 제도는 유지되어야 한다.
- 청소년에게 선거권을 부여해야 한다.
- 유전자 편집 기술은 허용해야 한다.
- 기후변화 해결을 위해 경제 성장을 희생할 수 있다.
- 청소년의 스마트폰 사용 시간을 법적으로 제한해야 한다.
- 자율주행차 사고의 책임은 운전자가 져야 한다.
- AI가 만든 음악이나 그림은 예술 작품으로 인정해야 한다.

마지막으로 단어나 좌우명, 사자성어 인생 문구 등으로 나를 표현하라는 문제들도 종종 나오기에 이 역시 대비하는 것이 좋습니다. 특히 그것을 선택한 이유를 구체적인 경험과 함께 정리해 두면 좋습니다. 여기서 한 가지 팁을 드리자면 사자성어, 좌우명, 인생 문구 등 어떤 것이든 모두 비슷한 느낌을 주는 것으로 연결 지어 놓으면 좋습니다. 즉, '최선을 다하자'와 같은 좌우명이 있다면 '전심전력(全心全力)' 과 같은 사자성어, '최선'이라는 단어 등으로 정리해 놓으면 되겠지요. 이렇게 하는 이유는 같은 경험에서 유추할 수 있는 것으로 정해야 기억에 오래 남을 수 있기 때문입니다.

또한 너무 유치하거나 과도하게 거창한 것보다는 나의 성격과 가치관이 잘 드러나는 내용으로 가볍게 정리하는 것이 좋습니다. 성격과 관련된 사자성어는 아래 예시로 정리해 두었습니다. 이외에도 자신의 상황에 맞는 것을 검색해서 선택하는 것도 좋습니다.

성격 또는 성장을 나타내는 사자성어

勤學好問 (근학호문) - 부지런히 배우고, 모르는 것은 잘 묻는다.

聚精會神 (취정회신) - 정신을 집중해 열심히 한다.

日就月將 (일취월장) - 날마다 나아지고 달마다 발전한다.

學而不厭 (학이불염) - 배우기를 싫어하지 않는다.

知行合一 (지행합일) - 아는 것과 행동이 하나가 된다.

飛躍進步 (비약진보) - 크게 도약하며 발전한다.

前途有望 (전도유망) - 앞날이 밝고 희망이 있다.

誠心誠意 (성심성의) - 진심과 정성을 다한다.

人和團結 (인화단결) - 사람들과 잘 어울리며 단결한다.

勇氣百倍 (용기백배) - 용기가 커지고 힘이 배가된다.

勤學苦練 (근학고련) - 부지런히 배우고 꾸준히 연습한다.

誠心誠意 (성심성의) - 진심과 정성을 다한다.

百折不屈 (백절불굴) - 여러 번 꺾여도 굴하지 않는다.

自强不息 (자강불식) - 스스로를 끊임없이 단련한다.

中庸之道 (중용지도) - 치우치지 않고 균형 잡힌 태도를 가진다.

2) 학습

학습과 관련된 키워드는 진로, 학습 경험, 지원 동기 등으로 구성됩니다. 특히 진로와 연계할 수 있는 책의 내용, 목표, 주제 등을 키워드로 정리해 두면 좋습니다. 또한 앞서 정리한 인성 키워드와 겹치는 부분이 많을 수 있다는 점을 기억해 두세요. 그렇기 때문에 나와 관련 없는 키워드를 억지로 추가하기보다는 관련 있는 키워드를 강화하는 것이 '나다운 나'를 자연스럽게 보여주는 데 도움이 됩니다.

① 진로

▲ 탐색: 직업 체험 활동 학과/전공 조사, 진로를 꿈꾸게 된 계기

▲ 영향: 사회에 미치는 영향, 진로를 위한 노력

▲ 독서: 진로를 꿈꾸게 된 책의 내용, 줄거리

진로 부분은 면접 때마다 자주 나오는 질문 중 하나입니다. 왜 그 진로를 선택했는지, 나의 꿈이 사회에 어떤 영향을 미칠 수 있는지를 구체적으로 생각해 두세요. 단순히 되고 싶은 직업을 말하는 데 그치지 않고, 그 꿈을 갖게 된 이유와 사회에 기여하고자 하는 마음까지 담으면 키워드로 정리하기가 쉽습니다.

또한 이 꿈을 이루기 위한 현실적으로 하고 있는 노력들, 앞으로 하려는 노력들을 떠올려 보세요. 독서 역시 그 노력 중 하나입니다. 독서는 가장 무난하면서도 자주 나오는 질문 주제입니다. 따라서 진로와 관련된 책을 반드시 한 권 이상 선정하고, 그 책을 통해 진로와 가까워졌다는 점을 책 속 내용과 연관 지어 설명해 보세요. 학교생활기록부에 기록된 책이라면 더욱 좋습니다.

② 자기주도학습

▲ 독서: 학습에 도움을 준 책의 내용, 줄거리

▲ 과목 지식: 과목별 주요 이론, 진로 연계 과목의 학습 경험

▲ 나만의 학습법: 성적 상승을 위한 노력

자기주도학습 영역은 자기소개서의 한 항목으로 선택되는 경우가 대다수이므로 학교생활기록부를 토대로 키워드를 정리하는 것이 좋습니다.

이때 가장 중요한 것은 구체적으로 어떻게 공부했는지를 설명하는 것입니다. 자기주도학습을 어떤 계기로 시작했고, 어떻게 실천했는지 구체적으로

떠올려 주세요. 이미 자기소개서에 이 내용을 작성했을 가능성이 크기 때문에 면접에서는 그것과 연계해서 상세하게 설명할 수 있어야 합니다. 성적이 잘 나오지 않았던 과목의 성적을 향상시킨 경험을 정리하는 것도 좋습니다.

특히 자기소개서에 깊이 있는 학습을 통해 학습 역량을 키웠다는 내용을 작성한 경우라면, 그와 관련된 과목의 개념을 명확하게 설명할 수 있어야 합니다. 특히 관심 있는 개념이라면 꼼꼼하게 준비해 주세요.

앞서 진로 파트에서도 독서와 연계했던 것들을 떠올려, 가능하다면 비슷한 책을 자기주도학습에도 활용해 키워드를 구성하면 좋습니다. 너무 많은 책을 준비한다면 면접에서 떠올리기 어렵다는 점도 살펴 주세요.

③ 지원 동기

▲ 학교 정보: 건학 이념, 동아리, 학교 행사, 관련 과목, 입학 후 하고 싶은 활동, 학습 계획

개인적으로는 이 부분이 가장 준비하기 쉽다고 생각합니다. 다른 영역은 열린 질문과 열린 답변, 즉 정답이 없는 유형이지만, 지원 동기와 진학 후 계획은 닫힌 문답에 가까워 일반적인 답변만 해도 크게 무리가 없기 때문입니다.

보통은 학교 입학 후 참여하고 싶은 동아리나 선택 과목을 묻는 경우가 많습니다. 따라서 어떤 동아리에 참여하고 어떤 과목을 선택하고 싶은지, 그리고 그 이유를 준비하면 됩니다. 학교 행사 역시 마찬가지입니다.

면접에서는 주로 지원 학교에 대한 관심 정도를 확인하는 질문이 자주 출제되며, 고등학교 입학 후 학습 및 활동 계획과 연계해 질문하는 경우도 많습니다. 따라서 학교가 추구하는 교육 이념이나 인재상을 고려해 그에 맞는 키워드를 선정하는 것이 중요합니다.

이제 나를 표현할 수 있는 키워드들을 정리해 봅시다.

인성	학습
① 생활 습관	① 진로
② 대인 관계	② 자기주도학습
③ 가치관	③ 지원 동기

2장 | 실전에서 활용할 면접 공식 만들기

KEY POINT!

- 인풋 → 아웃풋! 질문이 들어오면 일단 답을 합니다.
- 한 질문당 답변은 1분, 길어도 1분 30초는 넘지 않습니다.
- 답변 공식 = 핵심+사례+정리

STEP 1에서는 나를 나타내는 재료들을 파악했다면, STEP 2의 1장에서는 이 재료들을 블렌딩해 나만의 키워드를 만들었습니다. 이 과정을 통해 이미 충분한 면접 준비를 한 셈입니다. 아직 완벽하지 않아도, 앞으로 남은 단계에서 보완할 수 있으니 걱정하지 않아도 됩니다.

이제 이를 마음가짐, 시간 관리, 답변 공식이라는 세 가지 핵심 내용으로 나누어 살펴봅시다.

1) 마음가짐

대부분의 고입 면접은 1:1 면접인 경우가 많습니다. 또한 모든 학생이 공통 질문과 개별 질문을 함께 받는 경우가 많습니다. 면접을 보는 학생들은 모두 비슷한 질문을 받지만, 각자 준비한 만큼 답변을 하게 되는 것입니다. 면접장에서 가장 중요한 생각은 '질문이 들어오면 어떻게든 대답한다'는 마음가짐입니다. 어차피 면접에는 정답이 없습니다. 그리고 여러분은 면접을 보러 왔습니다. 그렇기 때문에 차분하게 마음을 가다듬고, 반드시 어떤 답이라도 해야 한다는 것입니다.

제가 이렇게 중요하게 말씀드리는 이유는 많은 학생들이 긴장을 해서 대답을 못 하거나 대답을 정말 짧게 끝내는 경우가 많기 때문입니다. 일단 질문을 들으면 답변이 떠오르지 않거나 예시가 생각나지 않아도, 질문을 들은 후 5초 이내에 생각을 정리하고 답변을 시작하는 것이 중요합니다. 만약 답하기 어렵다는 생각이 들더라도 일단 짧게라도 대답하는 것이 아무 말도 하지 못하는 것보다 훨씬 낫습니다.

2) 시간 관리

한 질문에 대한 적절한 답변 시간은 약 1분 내외로 생각하는 것이 좋습니다. STEP 3에서 예상 문제에 대해 답변 연습을 할 때는 반드시 1분을 기준으로 말해 보세요.

평소 말이 많은 학생들은 답변이 1분을 훌쩍 넘길 것이고, 말이 적은 학생들은 1분을 채우기조차 힘들 것입니다. 그러니 항상 1분을 염두에 두고 연습하는 것이 필요합니다. 면접 전체 시간은 보통 5분, 길어야 10분 내외이기에 시간을 생각해 두고 연습해 주세요.

3) 답변 공식

여러분 중에는 면접 경험이 적거나 전혀 없는 경우도 있을 것입니다. 그렇기 때문에 일단 두괄식으로 답변을 구성하는 것을 추천 드립니다.

두괄식이란 핵심을 먼저 말하는 방식이며 미괄식은 핵심을 마지막에 말하는 방식입니다. 면접 경험이 적고 답변에 자신이 없을 때 미괄식을 선택하면 답변 중간에 생각이 엉킬 가능성이 있습니다.

그렇다면 답변 공식은 어떻게 구성하면 될까요? 공식은 아주 간단합니다.

> 답변 공식 = ① (핵심 말하기) + ② (사례or예시) + ③ (핵심 정리하기)

먼저 핵심을 말한 후에 사례나 예시를 넣고, 다시 한번 핵심을 정리해서 말하는 틀이 바로 답변 공식입니다. 공식에 시간을 넣어 같이 정리해 볼게요.

> ① 질문이 들어오면 간단히 생각한 후 핵심을 먼저 말합니다. (10초~15초)
> ② 관련 사례나 예시를 설명합니다. (30초~40초)
> ③ 다시 핵심을 정리해서 말합니다. (10초~15초)

이렇게 말하면 답변 공식은 끝입니다. 생각보다 쉽죠?

예를 한번 들어볼게요. 최근 한 자사고에서 출제된 기출 문제입니다.

> **문제: 가장 존경하는 선생님에 대해 설명해 보세요.**

답안:
1) 핵심
제가 가장 존경하는 선생님은 중학교 2학년 때 담임 선생님이십니다. (10초)

2) 사례
담임 선생님께서는 모든 학급 친구들에게 시간을 내어 진심으로 고민 상담을 해 주셨습니다. 그래서 성적 하락으로 힘들 때 선생님께 많은 도움을 받았습니다. 또 국어 과목에서 부족한 부분에 대해 '교과서-학습지 정리 후 요약본 작성'이라는 학습 계획을 세워 공부하는 법을 알려주

셨고 학습 과정까지 함께 점검해 주셨습니다. 그 덕분에 국어 과목의 성적을 올릴 수 있었다고 생각합니다. (30초)

3) 정리
이를 통해 담임 선생님을 존경하게 되었고, 앞으로 저도 선생님처럼 다른 사람들에게 도움이 되고 싶다는 생각을 갖게 되었습니다. (15초)

이처럼 질문을 듣고 답하면 되는 것이 면접입니다.

저는 글로 답안을 썼기 때문에 조금 더 쉽게 보일 수 있습니다. 그러나 실제 말로만 답하려면 연습이 없이는 이와 같이 깔끔하게 대답하기 어려울 수 있습니다.

하나씩 자세히 살펴볼까요?

먼저, 답을 할 때에는 질문이 너무 길지 않다면 문제의 앞부분을 그대로 활용해 답변해도 됩니다. 즉, '가장 존경하는 선생님에 대해 설명해 보세요.'라는 문제라면, '제가 가장 존경하는 선생님은'으로 시작해도 된다는 뜻입니다. 답변에 자신이 있다면 '저는 ○○○ 선생님을 가장 존경합니다.'처럼 답해도 괜찮습니다. 그러나 생각을 정리할 시간이 필요하다면 문제를 약간 줄여 말하며 답변을 정리할 시간도 버는 것이 좋습니다.

그다음은 사례입니다. 사례는 답과 관련된 내용을 구체적으로 표현하면 됩니다. 만약 앞의 예시에서 선생님과의 구체적인 일화를 활용하지 않고 '모든 친구들에게 친절하셨습니다.', '우리 학급을 잘 이끌어 주셨습니다.', '일 년 동안 따뜻하게 대해 주셔서 저도 그런 사람이 되고 싶었습니다.'와 같은 답만 한다면 조금 부족한 느낌을 줄 수 있습니다. 따라서 반드시 구체적인 사례를 들어 답변하는 것이 좋습니다. 또 답변은 좋은 부분 위주로 말하는 것이 좋지만, 거짓된 이야기는 피하는 것이 낫습니다. 거짓된 이야기를 하면 답변이 꼬일 가능성이 있기 때문입니다.

마지막으로 정리는 답을 다시 요약하는 것과 비슷합니다. 이때 핵심은 '의미'를 담는 것입니다. 어떤 답변이든 의미를 찾을 수 있었다는 방향으로 마무리하면 됩니다.

예시 답안을 다시 확인해 볼까요?

그저 담임 선생님을 존경한다는 것으로 끝내지 않고 선생님처럼 다른 사람들에게 도움이 되고 싶다는 생각을 갖게 되었다고 말하고 있습니다. 즉, 배운 점을 포함해 의미를 담아 답변을 정리해 완성도 높은 답변이 된 것입니다.

물론 면접을 오랫동안 준비해 온 학생들이나 심화 과정에 대한 답을 요구하는 문제라면 면접 공식의 틀이 조금씩 달라질 수 있습니다. 그러나 기본적으로 ① 핵심을 말하고, ② 사례를 들어 설명하고, ③ 정리하는 방식은 동일하다고 볼 수 있습니다.

또한 지금 여러분의 최우선 목표는 짧은 시간 내에 자신감을 가지고 면접장에 들어가는 것입니다. 따라서 이 공식을 기억해 연습한다면 거의 모든 경우에서 성공적인 답변을 할 수 있다는 점을 기억해 주세요. 그리고 무엇보다도 면접에는 정답이 없다는 점을 잊지 말고 자신감을 가지고 면접장에 가는 것이 가장 중요합니다.

3장 | 문장의 구성과 표현 정리하기

KEY POINT!

Q 문장은 짧고 간결하게 말하는 것이 좋습니다.

Q 구체적인 수치나 상황을 활용하면 신뢰감이 높아집니다.

Q 꾸미는 표현은 자제하고 객관적인 단어 위주로 사용합니다.

　면접 답안뿐만 아니라 자기소개서를 작성할 때에도 문장 구성은 매우 중요합니다. 답안 없이 답변하는 것도 마찬가지이지요. 결국 말이든 글이든, 핵심은 짧고 간결한 문장으로 표현하는 것입니다. 이제부터는 면접 질문에 대한 답변 문장을 어떻게 구성하고 표현할지 자세히 살펴보겠습니다.

1) 문장은 짧고 간결하게 정리하세요.

　면접은 공적인 자리입니다. 면접관 입장에서는 짧은 시간 안에 많은 지원자들의 답변을 연달아 들어야 하므로 피로감이 높아질 수 있습니다. 따라서 반드시 짧고 간결한 문장을 사용해 대답하는 것이 좋습니다.

문장은 최대한 짧게 만들어 주세요. 부연 설명은 접속 부사('그런데', '그러나', '그리고' 등)를 활용하면 말하는 사람도 듣는 사람도 편합니다. 특히 문장이 짧으면 답변을 정리하면서 구성할 수 있다는 장점이 있습니다.

2) 면접에서 구체적인 수치나 상황을 활용하면 신뢰감을 높일 수 있습니다.

구체적인 방법들은 아래와 같습니다.

1) 숫자와 기간 넣기

'책을 많이 읽었다.' → '올해 30권의 책을 읽었다.'

2) 활동 시간 및 기간 명시하기

'봉사활동으로 마을에 도움을 줬다.' → '6개월 동안 매주 토요일에 1시간씩 도서관 책 정리 봉사로 마을에 도움을 주는 일을 했다.'

3) 구체적인 상황 및 숫자로 결과 나타내기

'성적을 올리기 위해 노력했다.' → '모르는 문제는 유형별로 하루에 10개씩 푸는 습관을 한 달 정도 유지했더니 중간고사에 비해 기말고사 점수가 약 20점 올랐다.'

각각의 차이가 느껴지나요? 훨씬 신뢰감 있고 진정성 있게 들립니다. 그 이유는 바로 구체적이기 때문입니다. 그렇다고 너무 많은 숫자나 수치를 언급하는 것은 조금 산만하다는 느낌을 줄 수 있기에 남발하지 않는 선에서 적절하게 사용하는 것이 필요합니다.

만약 숫자를 넣기 어려운 내용이라면 어떻게 해야 할까요? 예를 들어 보겠습니다.

> ▲ 저는 생명을 살리는 좋은 의사가 되고 싶습니다.

　이 문장은 조금 추상적입니다. 추상적인 것은 다시 말해 약간 막연한 느낌을 주는 것이지요. 그렇기 때문에 면접관 입장에서 이 문장을 들으면 '그렇군요. 그리고? 그 다음은?'과 같은 생각이 들 수 있겠지요. 즉, 답변하는 학생이 얼마나 좋은 의사가 되고 싶은지에 대한 열정을 확인하기 어렵습니다.

　반면에 다음 답변을 보세요.

> ▲ 저는 희망을 줄 수 있는 의사가 되고 싶습니다.
> 어린 시절, 아버지께서 운동 중 눈에 공을 맞아 크게 다치신 적이 있습니다. 실명이 될 수도 있다는 진단에 가족들은 며칠 동안 크게 걱정했습니다. 그러나 성공적인 수술과 몇 달간의 회복 끝에 아버지께서는 원래의 시력을 되찾으시고 일상으로 돌아가셨습니다. 저희 가족은 의사 선생님께 오랫동안 깊은 감사를 느꼈습니다.
> 저는 안과 의사가 되고 싶습니다. 특히 안과 질환을 가졌으나 의료 혜택을 받지 못하는 사람들에게 꾸준히 의료 봉사 활동을 하고 싶습니다. 저희 가족이 받았던 희망을 사회에 환원하는 의사가 되고자 합니다.

　이와 같이 상황을 구체적으로 설명하면 답변이 진정성 있게 느껴지며, 정성스러운 답변을 하고 있다는 느낌을 줄 수 있습니다.

3) 꾸미는 말은 사용을 자제하고
객관적인 단어를 사용하는 것이 좋습니다.

　다른 사람들의 답변을 들어보면 정리가 안 되어 있거나 어딘가 모르게 산만하다는 생각이 들 때가 있습니다. 특히 꾸미는 말을 많이 사용하면 그런 느낌을 받을 가능성이 높습니다. 짧은 문장으로 예를 들어 볼까요?

> ▲ 저는 생명을 살리는 좋은 의사가 되고 싶습니다.

이 문장에는 꾸미는 말이 많이 들어가 있지는 않습니다. 이제 이 문장에 꾸미는 말들을 추가해 보겠습니다.

> ▲ 아직 부족한 저는 고귀한 생명을 끝까지 살리는 우리나라 최고의 의사가 되고 싶습니다.

여기서 말하는 '꾸미는 말'은 우리가 국어 시간에 배운 수식언(관형사, 부사), 부속 성분(관형어, 부사어)과 같은 것들을 포함해 꾸며 주는 것들을 의미합니다. 꾸미는 말을 너무 많이 사용하면 문장이 지저분해 보일 수 있습니다. 또 내실 없이 답안을 억지로 늘리려 한다는 인상을 줄 수도 있습니다. 따라서 면접에서는 최대한 담백하고 간결하게 문장을 구성하는 것이 바람직합니다.

만약 꾸미는 말을 꼭 사용해야 한다면, 긍정적인 느낌의 단어를 한두 개 정도만 사용하는 것을 추천합니다.

위의 예시를 다시 보면서 분석해 볼까요?

'아직' → 앞으로 발전해 나가겠다는 뜻으로 언급했을 것입니다. 그러나 불필요한 말이기 때문에 없는 것이 낫습니다.

'부족한' → 부정적인 느낌을 주므로 삭제하는 것이 좋습니다. 면접에서 잘난 척을 할 필요는 없지만, 굳이 자신을 낮출 필요도 없습니다.

'고귀한' → 모든 생명이 고귀하다는 뜻이 이미 내포되어 있으므로 굳이 쓸 필요가 없습니다.

'끝까지' → 생명은 당연히 끝까지 살리는 것이므로 불필요합니다.

'생명을 살리는' → 원 문장에 있던 표현이지만, 의사는 본래 생명을 살리는 존재이므로 생략해도 무방합니다.

'우리나라 최고의' → 공간을 한정적으로 느끼게 할 뿐만 아니라, '최고'라는 입증도 불가능하므로 쓰지 않는 것이 좋습니다.

그렇다면 다시 한번 문장을 정리해 볼까요?

▲ 저는 의료 시설이 부족한 곳에서 봉사하는 의사가 되고 싶습니다.

이처럼 꾸미는 말 대신 구체적인 상황을 넣어 설명하면, 어떤 의사가 되고 싶은지 훨씬 명확하고 진정성 있게 표현하고 있다는 것이 드러납니다.

4장 | 신뢰감을 주는 태도로 나를 담아내기

KEY POINT!

Q 소리는 적당히 크기로 일정하게 냅니다.

Q 자세는 바르게 앉은 상태를 유지합니다.

Q 말투는 또박또박, 마지막 음절까지 명확하게 발음합니다.

우리는 지금까지 면접 답안을 구성하는 내용 위주로 살펴봤습니다. 이제 마지막으로, 답안을 좋은 답변으로 표현하는 방법을 살펴보려고 합니다. 그 핵심은 바로 소리, 자세, 말투 이 세 가지입니다.

답변이 아무리 좋아도 목소리와 자세, 말투가 불안정하면 면접관들께서 여러분을 긍정적으로 평가하기 어렵습니다. 여러분이 좋아하는 사람을 떠올려 보세요. 말투가 갑자기 예의 없게 변한다거나 자세가 지나치게 불손해지면 호감이 금세 떨어질 가능성이 크겠지요.

면접 역시 똑같습니다. 따라서 세 가지만 기억하고 연습하면 좋은 답변을 담아낼 수 있습니다.

1) 소리

일관된 크기의 목소리로 또렷하게, 면접관님들께 잘 들리도록 소리를 내는 데 집중해 연습하면 됩니다.

① 또렷하고 안정된 목소리를 일정하게 냅니다.

처음 인사를 할 때 공간에 맞는 소리 크기를 체크할 수 있습니다. 보통 면접장은 학교 공간을 사용하기 때문에 인사할 때 어느 정도 소리를 내야 하는지 가늠이 될 것입니다. 보통은 교실, 강당, 체육관 등을 사용하므로 아주 낯선 곳은 아니라는 점을 기억해 주세요.

② 답변을 하며 목소리가 조금 떨리는 것은 크게 상관없습니다.

면접에서 떨리는 것은 자연스러운 일이기 때문입니다. 오히려 긴장감이 전혀 없는 모습보다는, 약간의 긴장이 있는 편이 더 학생다워 보이니 걱정하지 않아도 됩니다. 또한 시간이 지나면서 점점 안정될 가능성이 큽니다.

2) 자세

소리는 답변을 하는 동안 일관되게 유지해야 하므로 정해진 순서는 따로 없습니다. 그러나 자세는 몇 가지 순서가 있기에 나누어 설명해 보겠습니다.

① 면접장에 들어가서 인사를 합니다.

90도로 접히는 인사까지는 하지 않아도 됩니다. 그러나 목례와 같이 가볍게 인사를 하는 것도 바람직하지 않습니다. 따라서 60도에서 70도 사이로 어색하지 않게, 정중한 느낌을 줄 수 있도록 하면 됩니다.

자기소개(번호와 이름)는 허용하는 학교가 있고, 하지 않아야 하는 학교가 있습니다. 만약 자기소개가 가능하다면 '안녕하십니까, 몇 번 누구입니다.'와 같이 말하면 됩니다. 자기소개가 가능하지 않다면 '안녕하세요.' 등으로 인사하면 됩니다.

② 인사 후 또박또박 걸어 자리에 앉습니다.

자리에 앉을 때에는 허리를 곧게 펴고 어깨를 펴서 앉습니다.

손은 무릎 위나 테이블 위에 자연스럽게 두고, 다리는 너무 넓게 벌리지 않습니다.

③ 시선은 면접관의 눈높이에 맞춥니다.

만약 면접관의 눈을 직접적으로 바라보기 어렵다면, 면접관의 코 부분을 바라봐도 괜찮습니다.

④ 손이나 다리를 떨지 않습니다.

떨리는 것은 긴장한 탓에 생길 수 있는 자연스러운 신체 반응이지만, 앞에 앉은 면접관 입장에서는 집중하기 어렵고 산만하게 느껴져 좋은 인상을 주기 어렵습니다. 또한 다리를 심하게 떠는 경우에는 답변 자체보다는 그 모습만 계속 지켜보게 되기도 합니다.

⑤ 답변을 마친 후에는 일어나 인사하고 문을 열고 나갑니다.

답변을 마치고 나면 일어나서 '감사합니다.' 와 같이 말합니다. 인사는 언제 해도 큰 영향을 주지는 않지만 일어나자마자 인사하는 것이 잊지 않고 실천하기 좋으므로 '감사합니다.' 후에 인사하는 것을 추천 드립니다. 또한 문을 열고 닫을 때에는 소리가 너무 크게 나지 않도록 조심히 닫습니다.

3) 말투

말투는 사람마다 이미 어느 정도는 굳어진 부분이 있기 때문에, 꼭 피해야 하는 것만 생각해 두고 연습하면 됩니다.

① 지나치게 가볍거나 딱딱한 말투 대신, 밝고 명확한 톤을 유지하세요.

어미에 약간의 힘을 주면 명확해 보이는 느낌을 줄 수 있습니다. 즉, '−다', '−요'와 같은 어미를 말할 때 마지막에 조금 더 힘을 주면 단정한 말투가 됩니다.

② 억양이 단조롭지 않게, 문장 끝을 살짝 올리면 자신감이 느껴집니다.

문장 끝 부분을 너무 많이는 올리지 않고, 앞서 말한 힘을 준 상태를 유지하며 마지막 부분에 힘을 주면 말투가 깔끔해집니다. 더불어 자신감 있는 말투가 되지요.

③ 관련 없는 소리는 최대한 내지 않도록 노력합니다.

'음', '어', '쓰읍'과 같은 소리는 최대한 피하는 것이 좋습니다. 물론 질문을 듣고 생각이 나지 않을 때는 잠시 여백을 두고 침묵해도 괜찮습니다. 위와 같은 소리 역시 한두 번 하는 것은 큰 문제가 되지 않습니다. 그러나 문장 앞마다 습관처럼 사용하면 답변이 깔끔하고 단정해 보이지 않기 때문에 단정하게 말투를 정리하는 연습을 해 봅시다.

④ 말이 빨라지려 하면 휴지(pause)를 두어 조절합니다.

원래 말이 빠른 사람은 느리게 말한다는 생각으로 말하면 적절한 속도를 유지할 수 있습니다. 그러나 평소 말이 빠르지 않은데 면접 답변을 할 때만 빨라지는 경우가 있습니다. 보통은 긴장해서, 생각해 놓은 것들을 잊을까 봐 급하게 말하는 것이 원인입니다. 이런 경우에는 각 문장마다 한 박자씩 쉬며 말하면 도움이 됩니다.

⑤ 예의 바른 말투를 사용해야 합니다.

가장 중요한 내용입니다. 면접관은 전부 여러분보다 어른이며, 대부분 선생님이나 전문가입니다. 그렇기 때문에 내가 아는 것보다 더 많은 것을 알고 계신다고 생각하는 것이 좋습니다. 이런 사실이 아니더라도 평소에도 겸손하고 차분한 말투를 사용하는 것이 필요합니다. 그렇지만 괜히 지나치게 자신을 낮추는 느낌은 피해야 합니다. 그저 학생이기에 앞으로 배울 것이 많고 열심히 하겠다는 마음을 말투에 담아 차근차근 이야기하면 됩니다.

이런 말투는 지양해야 합니다.

− 잘난 척하는 느낌

　　예) "제가 이 내용은 잘 아는데요."

− 반말처럼 대답하기

　　예) "아, 그렇게 생각해 본 적은 없는데."

− 예의 없는 단어 사용하기

　　예) "그건 그냥 잘못된 거죠."

− 말끝을 흐리는 말투

　　예) "의사가 되고 싶어요⋯." (작게 말하면서)

　자, 이제 면접 문제 답변을 위한 모든 준비가 끝났습니다. STEP 3부터는 STEP 1과 STEP 2에서 익힌 내용을 바탕으로 예상 문제에 대한 답변을 연습해 봅시다.

Q 제가 저의 성격을 잘 모르겠어요. 그래서 키워드를 찾는 것이 어려워요.

A 일단 1장의 학교생활기록부 분석 내용을 참고하는 것이 가장 쉽습니다. 특히 담임 선생님께서 작성해 주신 '행동특성 및 종합의견' 부분에 나의 성격이 잘 드러나 있다고 보시면 됩니다. 또 MBTI와 같은 여러 검사나 주변 사람들의 도움을 받는 것도 좋습니다. 정답은 없으니, 최대한 장점 위주로 선택하면 됩니다.

Q 아직도 진로를 정하지 못했어요. 그래서 진로를 물어보면 대답을 못 하겠어요.

A 면접에서 꿈이 없다고 답변하는 것은 좋은 인상을 주기 어렵습니다. 따라서 명확한 진로가 없다면 관련 분야라도 대답하는 것이 좋습니다. 예를 들어 아직 의사가 되고 싶은지 명확하게 정하지 못했다면 보건 계열처럼 관련 분야로 답하면 됩니다.

Q 경험이나 예시에 대해 구체적으로 말할 것이 없으면 어떻게 하나요?

A 모든 경험을 다 해볼 수는 없기 때문에 구체적으로 답변할 것이 없을 수도 있습니다. 그러나 직접 경험 이외에도 간접 경험이 있습니다. 책에서 본 내용, 영상에서 본 내용, 들은 이야기, 친구의 경험 등을 활용하면 됩니다. 이 모든 것을 활용해도 구체적으로 답하기 어렵다면 미래 계획이나 앞으로의 노력, 예상되는 것, 해결 방안 등을 말하는 것도 좋습니다. 답변을 위해 관련이 없는 내용을 말하지만 않으면 된다는 마음으로 연습하다 보면 점점 좋아지고 자신감이 생기는 나를 발견할 수 있을 것입니다.

Q 답변을 하다 보면 너무 길어질 때가 있습니다. 그 경우 중간에 급히 마무리하는 것이 나을까요?

A 말을 중간에 갑자기 끊거나 정리하는 것은 좋지 않습니다. 따라서 최대한 빠르게 마무리하여 시간을 단축하는 방법이 가장 현실적입니다. 무엇보다 미리 시간 연습을 충분히 해서, 이 정도 말하면 시간이 얼마나 걸리는지 자연스럽게 체득하는 것이 필요합니다.

Q 저는 말을 잘 못해요. 그래서 꾸미는 말로라도 조금 시간을 끌고 싶어요.

A 답변이 부족하다고 해서 꾸미는 말을 과도하게 넣으면 오히려 답변이 더 부족해 보이는 단점이 있습니다. 정말 부끄러움이 많고 말주변이 없거나 긴장을 하는 학생의 경우라도, 최소한의 꾸미는 말만 사용해 짧게 대답하는 것이 낫습니다. 그 후 연습을 통해 조금씩 내용을 늘려나가는 편이 더 좋습니다.

Q 숫자나 수치 등을 이미 말했는데, 답변 도중 잘못 말한 것이 뒤늦게 생각났습니다. 어떻게 하면 좋나요?

A 같은 문제의 답변이 끝나지 않은 상태라면, 말하던 문장이나 문단까지 마무리한 후 다시 정정하면 됩니다. '앞서 답변드린 숫자 ○○는 ○○○으로 정정해서 말씀드리겠습니다.'와 같이 한 번 정정해서 말하면 됩니다. 따라서 크게 걱정하지 않아도 됩니다.

Q 원래 목소리가 작은데 면접장에서는 어떻게 말하면 좋을까요?

A 목소리가 작더라도 최대한 크게, 그러나 차분하게 말하면 어색하지 않습니다. 오히려 목소리가 너무 큰 사람에 비해 장점도 있습니다. 한 가지 예로 배에 힘을 주고 또박또박 말하면 작은 목소리는 오히려 단호해 보이고 정리가 잘 된 느낌을 주어 신뢰감을 줄 수 있기도 합니다. 따라서 2~3일 정도는 평소보다 몸

시 크게 말한다는 느낌으로 연습하면, 적당한 소리를 낼 수 있을 것입니다.

Q 긴장해서 떨리면 저도 모르게 다리를 떨어요.

A 면접장에 들어갔을 때 책상이 있다면, 그 일부에 다리를 약간 기대는 느낌으로 위치를 잡으면 좋습니다. 그러면 다리를 떨 때마다 책상 기둥에 눌리면서 심리적 안정감을 얻어 덜 떨게 되겠지요. 또한 며칠간 의식적으로 연습해 습관을 고치면 이전보다 훨씬 덜 떨게 됩니다. 또 다리 위에 주먹을 약하게 쥐고 올려놓고, 다리를 떨 때마다 살짝 누르면 역시 도움이 됩니다.

연습하기

: 자신감 있게 실전 준비 완료

#모의면접 #시간관리 #대처능력 #실전감각훈련 #예상문제

마지막 단계에서는 모의면접을 통해 훈련합니다. 한정된 시간을 효율적으로 관리하며 예기치 못한 질문에도 차분히 대처하는 능력을 기릅니다. 이를 통해 실전 감각을 키우고, 다양한 예상 문제를 경험하며 면접장에서도 자연스럽게 자신을 표현할 수 있습니다.

1장 | 기초 준비: 기본 질문 대비하기

이제 실전 연습에 돌입합니다. STEP 3은 워크북 형태로, 기본 · 심화 · 실전 예상 문제와 답안을 작성할 수 있는 공간, 예시 답안으로 구성되어 있습니다. 또한 답안을 작성할 때 도움을 줄 수 있는 작은 Tip들도 포함되어 있습니다. 이 내용들을 참고해 점차 여러분만의 답으로 발전시켜 가면 됩니다.

예상 문제 사용법은 다음과 같습니다.

① 먼저 문제만 확인한 후, 나만의 답안을 직접 작성해 보세요. 키워드 중심으로 작성해도 좋습니다. 아직 답안 구성이 익숙하지 않고 말하는 것이

어색하다면 문장으로 꼼꼼하게 적어도 좋습니다.

② 작성한 답안을 예상 답안과 비교해 보고, 참고할 만한 내용이 있으면 수정해 다시 답안을 완성합니다.

③ 그렇게 만든 답안을 소리 내어 읽어 보세요. 시간을 정해서 읽어 보면 더 효과적입니다. 그 다음엔 작성한 답안을 보지 않고 자연스럽게 읽어 보세요. 외우는 것이 아니라, 몇 가지 키워드만으로 구상해 답변을 하는 연습을 하는 과정이 필요합니다.

④ 10문제 이상 반복 연습한 후, 자신의 모습을 녹화하여 소리·말투·자세 등을 확인하고 더 나은 모습으로 다듬어 나갑니다.

⑤ 어느 정도 자신감이 생기면 다른 사람들에게 자신의 모습을 보여주며, 더욱 자신감 있게 연습해 보세요.

문제 1: 자신의 약점에 대해서 설명하세요.

답안

1) 핵심

2) 사례

3) 정리

A 저는 다른 사람들 앞에서 말을 하거나 발표할 때 조금 긴장해서 목소리가 떨리고 말을 빠르게 하는 약점이 있습니다.

저는 이를 극복하기 위해 일부러 발표를 많이 해 보고자 노력했습니다. 한 가지 예로, 뉴스 읽기 동아리 시간마다 오늘의 동아리 활동 소감을 말하는 짧은 발표를 자원했습니다. 솔직히 처음에는 많이 떨렸지만, 점차 말하는 것이 생각보다 어렵지 않다는 것을 깨달으면서 자신감이 붙었습니다. 그 결과 최근에는 학급 토론에서 사회자 역할까지 맡을 수 있었고, 매끄럽게 진행했다는 피드백과 함께 좋은 점수까지 얻을 수 있었습니다.

이러한 경험을 통해 발표 능력이 크게 향상되었으며, 약점 또한 노력하면 강점이 될 수 있다는 생각을 하게 되었습니다.

Tip

약점만 말하는 것은 바람직하지 않습니다. 문제에서 약점을 설명하라고 했더라도, 면접관이 정말로 알고 싶은 것은 약점을 어떻게 극복하고 있는가입니다. 따라서 약점이 있었다면, 그에 대한 구체적인 노력과 개선 과정을 반드시 함께 제시해야 합니다.

답변을 마무리할 때는 약점이 어떻게 조금씩 개선되었는지, 또는 앞으로 어떻게 보완할 것인지도 연결하면 좋습니다. 이렇게 하면 단순히 부족한 모습을 드러내는 것이 아니라, 자기 성찰과 발전 의지를 보여 줄 수 있어 면접관에게 긍정적인 인상을 남길 수 있습니다.

비슷한 유형의 문제

Q 자신의 단점을 극복하기 위해 했던 구체적인 노력을 말해 보세요.

Q 최근에 부족함을 느꼈던 경험과 그것을 어떻게 개선했는지 말해 보세요.

Q 앞으로 더 보완하고 싶은 점이 있다면 무엇인지 설명해 보세요.

답안

1) 핵심

2) 사례

3) 정리

A 저는 '도전'이라는 단어로 저를 표현하고 싶습니다.

새로운 환경이나 과제가 주어질 때 저는 처음에는 두려움도 느끼지만, 일단 시도해 보지 않으면 성장할 수 없다고 생각합니다.

중학교 때 학교 수학 토론 대회에 처음 도전했던 경험이 있습니다. 비록 성적은 만족스럽지 않았지만, 준비 과정에서 새로운 수학 공부 방법을 배우고 많은 수학 문제를 풀어보는 경험을 통해 수학 과목에 대해 자신감을 얻었습니다. 그 결과 수학이라는 과목을 이전보다 더 좋아하게 되었고, 수학으로 세상의 이치를 탐구하는 경제학자가 되고 싶은 꿈을 갖게 되었습니다.

이런 경험을 통해 저는 어려움 속에서도 도전하는 습관을 기르게 되었고, 앞으로도 많은 도전을 통해 성장하는 사람이 되고 싶어 도전이라는 단어로 저를 표현해 보았습니다.

> **Tip**
>
> 한 단어 질문은 답변을 짧고 임팩트 있게 시작하는 것이 중요합니다. 단어를 먼저 제시하고, 그 이유와 구체적인 사례를 덧붙인 뒤, 마지막에 정리하는 흐름으로 말하면 안정적입니다. 특히 답변 중간에 구체적인 경험을 넣으면 단어가 단순한 표현이 아니라 실제 경험과 연결된 상징처럼 살아납니다. 마지막에는 앞으로의 진로나 다짐과 연결해야 답변의 완성도가 높아지고, 면접관에게 미래지향적인 인상을 줄 수 있습니다.

비슷한 유형의 문제

Q 자신을 한 문장으로 표현한다면 어떻게 말하겠습니까?

Q 자신을 대표할 수 있는 사자성어를 고른다면 무엇인가요?

Q 자신을 한 과목으로 표현한다면 무엇인가요?

답안

1) 핵심

2) 사례

3) 정리

A 중학교 2학년 때 학급 회장을 맡으면서 반 친구들 간의 의견 차이를 조정해야 했던 경험이 가장 기억에 남습니다.

저는 2학기 학급 회장이었는데 2학기 들어 친구들끼리 친해지자 의견이 맞지 않아 학급 회의가 길어지고 분위기가 어수선했던 날들이 많았습니다. 저는 처음에는 회의 분위기를 정리하기가 어려웠습니다. 그러나 이를 해결하기 위해서는 친구와 친한 마음과는 별개로 경청이 가장 중요하다고 생각했습니다. 그래서 양쪽의 이야기를 끝까지 듣는 규칙을 제안했습니다. 끝까지 듣는 것만으로도 다른 의견 사이의 공통점을 찾기가 어렵지 않다는 것을 학급 친구들 모두 알게 되었습니다. 이 규칙으로 인해 결국 다수의 학생이 동의할 수 있는 방향으로 문제를 해결해나간 덕분에 반 분위기도 점차 나아졌습니다.

이 경험을 통해 저는 어려움 속에서도 협력과 리더십의 가치를 배웠고, 작은 배려가 좋은 영향을 줄 수 있다는 것을 배웠습니다.

Tip

힘든 경험은 반드시 이미 해결된, 일상적인 경험을 말하는 것이 좋습니다. 면접에서 해결하기 어려운 가정 문제나 법적 문제를 언급하면 오히려 불리할 수 있습니다. 또 단순히 힘들었다는 데서 멈추지 말고, 그 경험을 통해 무엇을 배우고 어떻게 성장했는지를 드러내야 답변이 완성됩니다. 또한 힘들었다, 어려웠다, 최악의 일이었다 등의 부정적 표현 대신 조금 부드러운 표현인 기억에 남는다, 의미있었다 등으로 말하는 것이 좋습니다.

답변 구조는 상황 → 어려움 → 극복 과정 → 배운 점으로 정리하면 자연스럽습니다. 마지막에는 이 경험이 나의 인성적인 부분에 어떤 긍정적 영향을 주었는지 정리하여 덧붙이면 답변의 깊이가 더 커집니다.

비슷한 유형의 문제

Q 중학교 생활에서 가장 도전적이었던 순간과 극복 방법을 말해 보세요.

Q 학급 활동이나 동아리 활동 중 예상치 못한 어려움을 경험한 적이 있었는지, 또 어떻게 해결했는지 말해 보세요.

Q 학교 밖에서 겪은 힘든 상황과 그 과정을 통해 배운 점을 말해 보세요.

답안

1) 핵심

2) 사례

3) 정리

A 작년에 진행한 과학 수업의 짝 실험에서 발생한 갈등을 말씀드리겠습니다. 저와 친구는 실험의 큰 방향과 목표는 같았지만 세부 의견이 달라 실험이 잘 진행되지 않았습니다. 저는 실험 진행을 위해 친구에게 시간을 내어 이야기를 해 보자고 제안했습니다. 먼저 친구의 의견을 끝까지 듣고, 제 생각도 차분히 설명했습니다. 이렇게 이야기를 하며 서로 원하는 부분을 맞추어 나가니 생각보다 큰 갈등이 아니었습니다. 자료 조사를 먼저 하자는 친구와 계획을 세워 진행하자는 저의 의견은 사실 동시에 풀어나가면 되는 문제였습니다. 저희는 계획을 가볍게 세운 후 자료 조사를 진행했고, 계획을 조금씩 수정해 나가며 목표까지 어렵지 않게 완성할 수 있었습니다.

그 결과 실험이 원활하게 마무리되었고, 저희 조는 우수 조로 선정될 수 있었습니다. 이 경험을 통해 친구와의 갈등은 대화를 통해 서로 양보하고 타협점을 찾을 때 해결된다는 것을 배웠습니다.

Tip

이 문제는 많은 학생이 비교적 준비를 많이 해 오는 유형으로, 많은 학생들이 어렵지 않게 대답해 나갑니다. 다만 주의해야 할 점은 친구를 지나치게 부정적으로, 자신을 과도하게 긍정적으로 묘사하지 않는 것입니다. 친구 역시 상황 속에서 충분히 그렇게 행동할 수 있었음을 이해하고, 자신 또한 배려와 이해를 통해 조금씩 변화를 만들었다는 식으로 풀어내면 자연스럽습니다. 작은 변화로 갈등이 해소되었다는 점을 강조하면 답변이 진솔하게 들립니다. 마지막에는 갈등이 단순한 문제가 아니라 협력과 성장을 배우는 기회였다는 점을 덧붙이면 더욱 좋습니다.

비슷한 유형의 문제

Q 동아리 활동에서 친구와 의견 충돌이 있었을 때 어떻게 해결했나요?

Q 친구와의 오해로 관계가 서먹해졌던 경험이 있다면 어떻게 풀었나요?

Q 협력해야 하는 상황에서 입장 차이를 좁히기 위해 어떤 노력을 했나요?

답안

1) 핵심

2) 사례

3) 정리

A 제가 가장 존경하는 선생님은 중학교 2학년 때 과학 선생님이십니다.

선생님께서는 수업 시간마다 교과서의 개념과 내용을 꼼꼼하게 알려 주셨습니다. 특히 원리를 쉽게 이해할 수 있도록 실제 사례와 실험을 활용해 설명해 주신 덕분에 과학에 흥미를 많이 느끼게 되었습니다. 또한 쉬는 시간마다 질문이 많았던 저를 혼내시지 않고 늘 격려해 주시며 답변해 주셨고, 수업이 끝난 후에도 시간을 내어 추가로 과학 원리를 설명해 주실 때가 많았습니다.

그 덕분에 저는 과학에 대한 흥미와 자신감을 키울 수 있었고, 과학을 가장 좋아하는 과목으로 생각하게 되었습니다. 그때부터 저는 학생들의 호기심을 이끌고 눈높이에 맞춰 효과적으로 설명할 수 있는 과학 교사가 되는 꿈을 갖게 되었습니다.

Tip

이 질문은 최근 실제 자사고 기출 문제에서도 출제된 유형으로, 앞선 STEP 2에서 다뤘던 내용과 연결됩니다. 기존에 학생들이 준비했던 다소 추상적이고 이상적인 질문과 달리, 구체적인 인물(가장 존경하는 선생님)을 묻는 방식이라 질문 자체가 어렵지는 않지만 다른 의도가 있는지 고민이 될 수 있습니다.

이처럼 예상하지 못한 질문이 나왔을 때는 당황하기보다는, 내가 중요하게 생각하는 가치와 연관 지어 답변하는 것이 자연스럽습니다. 예를 들어 선생님의 가르침이나 태도, 그분이 나에게 준 긍정적인 영향을 중심으로 말하면 됩니다. 이렇게 하면 단순히 존경 대상을 말하는 데서 그치지 않고, 나의 가치관과 진로 방향까지 연결되는 답변을 어렵지 않게 완성할 수 있습니다.

비슷한 유형의 문제

Q 본받고 싶은 인물이 있다면 누구이며, 그 이유는 무엇인가요?

Q 역사적 인물 중 존경하는 사람과 그 이유를 말해 보세요.

Q 자신의 진로와 관련해 롤모델로 삼고 싶은 사람은 누구인가요?

답안

1) 핵심

2) 사례

3) 정리

A   제가 가진 장점은 성실함과 협동심입니다.

먼저 저는 성실하게 어떤 일이든 꾸준히 노력하고자 합니다. 예를 들어 과학 탐구 보고서를 작성할 때, 처음에는 자료가 부족해 어려움을 겪었지만 매일 조금씩 자료를 찾아 정리한 끝에 좋은 평가를 받을 수 있었습니다. 이 과정에서 포기하지 않고 꾸준히 이어간 힘이 저의 성실함을 보여 준 사례라고 생각합니다.

또 다른 장점은 협동심입니다. 저는 혼자 잘하는 것보다 함께할 때 더 큰 힘이 나온다고 믿습니다. 실제로 체육대회 준비 과정에서 팀원들과 의견이 맞지 않았을 때, 중간에서 조금씩 조율해 나가며 하며 모두가 만족할 수 있는 방향을 찾은 적이 있습니다. 저는 이렇게 조율해 나가는 것에 큰 의미를 느꼈습니다.

이처럼 성실함과 협동심은 제가 앞으로 어떤 일을 하더라도 큰 원동력이 될 것이라 믿습니다.

Tip

이 질문은 학생이 자신의 장점을 단순히 나열하는지, 아니면 구체적인 사례와 연결해서 설득력 있게 말하는지를 평가합니다. 따라서 단순히 성실하다, 책임감이 있다는 말만 하면 평범하게 들리므로 반드시 사례를 곁들여야 합니다. 두 가지 장점을 제시할 때는 성격적인 부분 하나, 관계나 태도적인 부분 하나를 고르면 균형 잡힌 인상을 줄 수 있습니다.

또한 마지막에는 이 장점이 앞으로의 학교 생활이나 진로에서 어떻게 도움이 될 것인지 생각하며 답변을 연결하는 것이 좋습니다. 이렇게 하면 단순한 자기 칭찬이 아니라, 미래의 성장 가능성과도 이어진 답변이 됩니다.

비슷한 유형의 문제

Q 친구들이 보기에 당신의 장점은 무엇이라고 생각하나요?

Q 자신이 가진 장점이 학급이나 동아리 활동에서 어떻게 드러났는지 말해 보세요.

Q 본인의 장점을 진로와 연결해서 설명해 보세요.

답안

1) 핵심

2) 사례

3) 정리

A 저는 대외 활동이 교과 활동과 겹친다면 교과 활동을 우선으로 선택하겠습니다. 학교 수업은 학생으로서의 가장 기본적인 책임이자, 교과 수업을 통해 배워야 하는 내용을 익히는 필수적인 과정이기 때문입니다.

저는 작년에 제가 개인적으로 준비하고 있었던 영어 말하기 대회 일정이 정규 수업과 겹친 적이 있었습니다. 당시 저는 수업을 빠지지 않고 싶어 대회 측에 문의한 결과 가장 늦은 순서로 일정을 배정받을 수 있었습니다. 저는 최선을 다해 대회 준비를 해 좋은 결과를 얻었으며, 동시에 학교 수업도 빠지지 않았다는 뿌듯함을 느꼈습니다. 이 경험을 통해 우선순위를 지키면서도 대외 활동 역시 열심히 할 수 있다는 것을 배울 수 있었습니다.

대외 활동은 시야를 넓히고 성장할 수 있는 좋은 기회입니다. 하지만 학교 수업 시간은 학생으로서 가장 기본이 된다고 생각합니다. 따라서 저는 상황에 따라 시간을 조율하되, 결국 학교 수업 시간을 우선으로 두는 것이 바람직하다고 생각합니다.

Tip

이 질문은 학생이 우선순위를 어떻게 설정하는지를 평가합니다. 답변할 때는 교과 활동을 우선으로 한다는 원칙을 먼저 제시하고, 실제 경험을 곁들여 설득력을 높이는 것이 좋습니다. 단순히 교과 활동만 강조하면 소극적으로 보일 수 있으니, 대외 활동의 장점도 인정하면서 균형 잡힌 태도를 보여 주어야 합니다. 또한 교과와 대외 활동을 모두 소중히 여기되, 시간 조율과 자기 관리 능력을 통해 두 가지를 병행할 수 있다는 점을 강조하면 자기 주도성과 책임감을 함께 드러낼 수 있습니다. 마지막에는 이러한 선택이 장기적으로 자신의 성장에 어떤 도움이 되는지 연결하면 답변이 한층 더 완성됩니다.

비슷한 유형의 문제

Q 중요한 시험 기간과 동아리 활동 일정이 겹친다면 어떻게 하겠습니까?

Q 개인의 진로 준비와 학급 행사 준비가 동시에 주어지면 어떤 선택을 하겠습니까?

Q 학교에서 맡은 역할과 외부 봉사활동 일정이 충돌한다면 어떻게 조율하겠습니까?

답안

1) 핵심

2) 사례

3) 정리

A 제가 가장 최근에 읽은 책은 『작은 습관의 힘』이라는 책입니다.

이 책은 목표를 달성하기 위해 거창한 계획보다 작은 습관을 꾸준히 쌓아가는 것이 더 효과적이라는 내용을 담고 있습니다. 처음에는 사소해 보이는 행동이라도 매일 반복되면 큰 변화를 만든다는 점이 인상 깊었습니다.

예를 들어 책에서는 하루 1%씩만 나아져도 1년 뒤에는 완전히 달라질 수 있다고 설명합니다. 저는 이 책을 읽고 난 뒤 하루 10분씩 영어 단어를 외우고, 독서 시간을 조금씩 늘려 가는 습관을 실천하고 있습니다. 아직 큰 성과는 아니지만, 꾸준히 하다 보니 성취감이 생기고 스스로 성장하고 있다는 확신을 얻고 있습니다.

책을 읽고 직접 습관을 바꾸어 보는 경험을 통해 작은 변화가 결국 제 목표를 이루는 가장 든든한 기반이 된다는 것을 배우고 있습니다.

Tip

이 질문은 단순히 책을 소개하는 것이 아니라, 책을 통해 무엇을 배우고 어떻게 실천했는지를 확인하려는 의도가 있습니다. 따라서 답변할 때는 책의 제목과 주제를 간단히 언급한 뒤, 인상 깊었던 핵심 메시지를 선택해 설명하는 것이 좋습니다. 이어서 그 내용을 내 경험이나 실천과 연결해야 답변이 살아납니다.

너무 많은 내용을 나열하면 산만해 보일 수 있으므로, 책 소개 → 핵심 메시지 → 나의 실천 → 정리의 흐름을 유지하는 것이 가장 깔끔합니다. 마지막에는 이 책을 통해 자신의 성장 가능성이 어떻게 확장되었는지 강조하면 더욱 완성도 있는 답변이 됩니다.

또한 실제로 질문에서 최근에 읽은 책을 물어봤다 하더라도 꼭 최근에 읽은 책을 대답하지 않아도 됩니다. 가장 잘 대답할 수 있으며 나의 진로와 연계가 되는 책을 고르는 것이 좋습니다.

비슷한 유형의 문제

Q 가장 인상 깊게 읽은 책과 그 이유를 말해 보세요.

Q 진로와 관련해 도움이 된 책을 소개해 보세요.

Q 책을 읽고 나서 실제 생활에 적용해 본 경험이 있다면 말해 보세요.

답안

1) 핵심

2) 사례

3) 정리

A 저는 3학년 1학기 중간고사를 준비하면서 조금 부족했던 수학 성적을 올리기 위해 자기주도학습 계획을 세웠습니다. 먼저 교과서에 나온 개념을 꼼꼼하게 익혔습니다. 그다음으로는 학교 기출문제를 분석해 자주 출제되는 유형을 파악했습니다. 그 후 하루에 20문제씩, 주 5회 이상 문제 풀이를 목표로 하는 시험 계획표를 작성했습니다. 매번 놓치지 않고 문제를 풀어보며 모르는 문제는 스스로 개념을 찾아 공부했고, 그래도 이해가 안 되는 부분은 선생님께 질문했습니다. 또 막상 수학 문제를 풀다 보니 재미를 느껴 계획했던 문제 수보다 조금씩 더 풀게 되는 경험도 하게 되었습니다.

그 결과 시험에서 이전보다 18점이 오르며, 계획적으로 학습한 성과를 체감할 수 있었습니다. 이 경험을 통해 자기주도학습이 꾸준함과 성실성을 기르는 데 큰 도움이 된다는 것을 깨달았습니다.

Tip

자기주도학습 경험을 말할 때는 단순히 공부했다는 설명에 그치지 말고, 계획을 세운 과정, 실천 방법, 성과와 배운 점까지 구체적으로 언급해야 합니다. 특히 학교생활기록부에 드러나는 영역을 활용하면 답변의 신뢰도가 올라갑니다. 만약 문서로 증빙하기 어려운 영역이라면, 어떤 노력을 했는지 세세하게 설명하는 것이 필요합니다.

자기주도학습은 성실성, 꾸준함, 극복 의지를 보여 줄 수 있는 좋은 소재입니다. 따라서 단순히 점수가 올랐다는 결과보다, 어떻게 학습 태도가 바뀌었는지를 강조해야 답변의 깊이가 살아납니다. 마지막에는 이 경험이 앞으로 다른 과목이나 고등학교 학습에도 어떻게 도움이 될지를 연결하면 더 완성도 있게 들립니다.

비슷한 유형의 문제

Q 성적이 잘 오르지 않았던 과목의 어려움을 극복했던 경험을 말해 보세요.

Q 스스로 학습 계획을 세워 성과를 낸 경험이 있다면 말해 보세요.

Q 공부 방법을 바꾸고 효과를 본 경험을 설명해 보세요.

답안
1) 핵심

2) 사례

3) 정리

A 저는 ○○ 고등학교에서 자율 연구 프로젝트를 꼭 배우고 싶습니다.

○○ 고등학교의 교육 이념 중 하나는 '창의적인 탐구 인재 양성'입니다. 저 또한 스스로 주제를 정해 조사하고 실험하는 과정이 중요하다고 생각합니다. 그리고 과학 실험을 좋아하는 제게 이 과정은 즐거움을 줍니다. 그래서 저는 ○○ 과학 동아리에서 자율 연구 프로젝트를 해보고 싶습니다. 여기에서 동아리 팀원들과 함께 과학 실험 계획을 세우고 결과를 발표하며 협력과 문제 해결 능력을 키워 나가고 싶습니다.

이러한 경험은 제 탐구심을 발전시키고, 과학 전공자가 되고 싶은 제게 많은 도움이 될 것이라고 생각합니다. 이 경험을 통해 더욱 창의적이고 주도적인 학생으로 성장하고 싶습니다.

Tip

이 질문은 학생이 지원하는 학교에 대해 얼마나 조사했는지, 또 배움에 대한 열정과 진로 연계성을 어떻게 드러내는지를 확인하려는 것입니다. 따라서 답변에서는 단순히 배우고 싶은 활동을 말하는 것이 아니라, 학교의 교육 이념·특색 프로그램과 연결해야 설득력이 커집니다.

또한 배우고 싶은 활동을 자신의 진로와 연결하면 더욱 자연스럽습니다. 예를 들어 과학, 인문, 예술 등 관심 분야와 관련된 학교 프로그램을 선택해 구체적으로 설명하면 됩니다. 마지막에는 이 경험을 통해 나의 성장 방향을 어떻게 실현할지 정리해야 답변의 완성도가 높아집니다.

비슷한 유형의 문제

Q 입학 후 참여하고 싶은 학교 동아리 활동은 무엇인가요?

Q 우리 학교의 특색 있는 프로그램 중 가장 기대되는 것은 무엇인가요?

Q 입학 후 학업 이외에 도전하고 싶은 활동은 무엇인가요?

답안

1) 핵심

2) 사례

3) 정리

A 제가 기후 전문가가 되고 싶은 이유는 환경 문제 해결에 기여하고 싶기 때문입니다. 최근 전 세계적으로 이상 기후와 자연재해가 잦아지고 있는데, 이 문제는 특정 국가만의 과제가 아니라 모두가 함께 해결해야 할 인류 공동의 과제라고 생각합니다. 저는 이 부분에 많은 관심을 가지고 있습니다.

작년에 학교 과학 시간에 기후 변화에 관한 다큐멘터리를 본 뒤 저는 큰 충격을 받았습니다. 작은 섬나라가 해수면 상승으로 국토를 잃어가는 모습을 보면서, 기후 문제가 단순한 환경 문제가 아니라 한 나라, 더 크게는 인류 전체의 생존과 직결된다는 사실을 깨달았습니다.

그래서 저는 기후 전문가 중에서도 해양 기후 전문가가 되고 싶습니다. 특히 해양 열 흡수 조절을 연구하고, 이를 통해 지구의 온도 상승 속도를 늦추는 연구를 하고 싶습니다. 해수면 상승 예측을 기후 정책과 연계하여 해수면 상승을 조금이라도 줄여 나가는 데에 기여하고 싶습니다.

Tip

이 질문은 단순히 직업 희망을 확인하는 것이 아니라, 학생의 가치관과 문제의식을 얼마나 깊이 있게 표현할 수 있는지를 평가합니다. 답변할 때는 먼저 기후 변화가 왜 중요한 문제인지 짧게 언급하고, 그 다음 관심을 가지게 된 계기를 구체적으로 제시하면 진정성이 살아납니다.

또한 막연히 기후 전문가가 되고 싶다고만 하기보다, 연구, 정책, 국제 협력 등 앞으로 어떤 기여를 하고 싶은지를 구체적으로 말하는 것이 중요합니다. 마지막에는 기후 전문가라는 진로가 단순한 직업 선택이 아니라, 사회적 책임과 인류의 미래를 위한 선택이라는 점을 강조하면 답변이 훨씬 힘 있게 들립니다.

비슷한 유형의 문제

Q 기후 전문가가 되면 사회에 어떤 도움이 되고 싶은지 설명하세요.

Q 현재 자신의 꿈을 이루기 위해 어떤 노력을 하고 있는지 설명하세요.

Q 진로로 생각하고 있는 직업에 대해 소개해 보세요.

답안

1) 핵심

2) 사례

3) 정리

A　제가 국제 전문가가 된다면, 어렵고 소외된 사람들을 돕기 위해 지속 가능한 지원을 가장 우선으로 생각하겠습니다. 단순히 일시적인 물품 제공이 아니라, 스스로 자립할 수 있는 기반을 마련해 주는 것이 중요하다고 생각합니다.

예를 들어 개발도상국 아이들에게는 교육 기회를 제공하는 것이 가장 큰 힘이 될 수 있습니다. 저는 실제로 국제 봉사 활동 사례를 접하면서, 작은 장학금이나 교재 지원이 한 아이의 미래를 바꿀 수 있다는 사실을 알게 되었습니다.

또한 깨끗한 물과 의료 서비스 같은 기본적인 생활 환경을 개선하는 국제 협력 프로젝트에도 참여하고 싶습니다. 이렇게 교육과 환경 개선이 함께 이루어진다면, 가난한 사람들이 단순히 도움을 받는 것을 넘어 스스로 더 나은 미래를 만들어 낼 수 있을 것입니다.

이와 같이 제가 국제 전문가가 된다면 저는 단기적 구호를 넘어서, 지속 가능한 자립을 돕는 역할을 하는 사람이 되고 싶습니다.

Tip

이 질문은 학생이 국제 문제를 얼마나 책임감 있고 현실적으로 바라보는지를 평가합니다. 따라서 답변할 때는 물품 지원 같은 단기적 도움에만 머무르지 말고, 교육·환경·보건 같은 장기적이고 근본적인 해결책을 중심으로 이야기하는 것이 좋습니다. 또한 단순한 이상을 나열하는 대신, 실제 경험이나 사례를 연결하면 답변의 신뢰도가 크게 높아집니다.

마지막에는 이런 활동이 단순히 가난한 사람을 돕는 차원을 넘어, 그들이 스스로 설 수 있도록 돕는 지속 가능한 지원임을 강조하면 답변이 더 깊이 있고 설득력 있게 들립니다.

비슷한 유형의 문제

Q　국제 전문가로서 기후 위기 해결에 어떤 기여를 하고 싶나요?

Q　도움이 필요한 나라의 아이들을 돕는 효과적인 방법은 무엇이라고 생각하나요?

Q　국제 협력을 위해 학생으로서 할 수 있는 작은 실천은 무엇인가요?

답안

1) 핵심

2) 사례

3) 정리

A   저는 영상을 활용한 학습법이 효과적이라고 생각합니다. 영상은 글이나 그림만으로는 이해하기 어려운 내용을 시각적·청각적으로 동시에 전달하기 때문에 집중력과 이해도를 높여 줍니다.

예를 들어 과학 시간에 화산 폭발 과정을 영상으로 본 적이 있는데, 교과서의 글과 그림만 보았을 때보다 실제 상황을 더 생생하게 느낄 수 있었습니다. 그 덕분에 개념을 더 오래 기억할 수 있었고, 시험 준비에도 도움이 되었습니다. 또 영어 공부를 할 때 자막을 활용해 영상을 보니 단어와 표현을 자연스럽게 익히는 데 효과적이었습니다.

다만 영상만으로 공부하면 자기주도적으로 생각하기보다 수동적으로 받아들이는 경향이 있을 수 있습니다. 그래서 저는 영상을 본 뒤 반드시 정리하거나 스스로 설명하는 과정을 추가합니다. 영상을 활용한 학습은 이해와 흥미를 높여 주는 좋은 방법이지만, 다른 학습 방식과 병행할 때 더 큰 효과가 있다고 생각합니다.

Tip

이 질문은 학생이 새로운 학습 도구를 얼마나 비판적이면서도 균형 있게 받아들이는지를 확인하려는 것입니다. 답변할 때는 긍정적인 결론을 먼저 제시하고, 실제 경험이나 사례를 두 가지 정도 덧붙이면 설득력이 높아집니다.

또한 영상 학습의 장점만 말하면 단편적으로 보일 수 있으므로, 한계와 보완 방법을 함께 언급하는 것이 중요합니다. 이렇게 하면 새로운 도구를 단순히 받아들이는 것이 아니라, 비판적으로 분석하고 자신에게 맞게 활용하는 태도를 보여 줄 수 있습니다. 마지막에는 영상 학습을 다른 방식과 함께 병행할 때 더 효과적이라는 정리로 마무리하면 답변이 균형 잡히게 완성됩니다.

비슷한 유형의 문제

Q 인터넷이나 온라인 강의를 활용한 학습에 대해 어떻게 생각하나요?

Q 교과서 외 학습 자료를 활용하는 공부 방법에 대해 말해 보세요.

Q 친구들과 함께하는 그룹 학습에 대해 본인의 생각을 말해 보세요.

답안

1) 핵심

2) 사례

3) 정리

A 제가 생각하는 멘토링의 가장 큰 장점은 대면으로 원하는 것을 배우고 가르칠 수 있다는 점입니다. 책이나 인터넷에서는 얻기 어려운 맞춤형 현실적 조언을 멘토에게 들을 수 있고, 멘토 역시도 가르치며 스스로 성장할 수 있습니다.

예를 들어 진로 탐색을 할 때 실제 현장에서 일하는 멘토의 조언을 들으면 직업에 대한 구체적인 이해를 넓힐 수 있습니다. 또 멘토링은 동기 부여에도 큰 도움이 됩니다. 저 역시도 멘토의 모습을 보면서 제 꿈을 향해 더 노력해야겠다는 의지를 다진 경험이 있습니다.

반면 단점도 있습니다. 멘토의 경험담이나 도움이 모든 학생에게 적합한 것은 아니기 때문에 멘티가 자신에게 맞게 고쳐서 받아들이지 않고 그대로 따라 하면 오히려 혼란을 얻을 수 있습니다. 예를 들어 수학을 원래 좋아하던 멘토의 경험이, 수학이 너무 어려운 멘티에게는 적합하지 않을 수 있기 때문입니다. 또한 멘토와 멘티의 성향이 맞지 않으면 서로 긍정적인 영향을 주기 어렵습니다.

따라서 멘토링은 장점을 잘 살리되 단점을 의식하며, 상황에 맞게 선택적으로 자신에게 잘 맞도록 수정해 나가며 배우는 태도가 필요하다고 생각합니다.

Tip

이 질문은 학생이 멘토링을 얼마나 균형 있게 바라보는지를 확인하려는 것입니다. 답변할 때는 한쪽으로 치우치지 않게 장점과 단점을 각각 두세 문장 정도로 말해야 안정적입니다. 장점은 배움과 동기 부여, 단점은 한계와 차이로 간단히 구분하면 답변이 정리됩니다.

또한 단점을 말할 때는 멘토링 자체를 부정하기보다는, 성향 차이나 적용 한계처럼 자연스러운 문제로 설명하는 것이 좋습니다. 마지막에는 이러한 단점을 극복하기 위해 선택적으로 받아들이고 자기 상황에 맞게 활용하겠다는 내용을 덧붙이면 답변이 성숙하고 설득력 있게 들립니다.

비슷한 유형의 문제

Q 멘토링 과정에서 멘토와 의견이 다르게 되면 어떻게 대처할 것 같나요?

Q 자신이 친구끼리하는 학습 멘토링 기획자라면, 어떻게 구성할 것 같나요?

Q 자신이 멘토링 활동 중 멘토의 역할이라면, 어떻게 활동할 것 같나요?

답안
1) 핵심

2) 사례

3) 정리

A 제가 ○○ 고등학교에 입학하게 된다면, 첫째로 교과 수업의 충실한 이해를 최우선으로 삼겠습니다. 수업 시간에 배운 내용을 당일에 복습해 작은 부분도 놓치지 않도록 하고, 부족한 부분은 스스로 학습하고, 선생님께 질문하며 보완할 것입니다.

둘째로는 심화 학습을 계획하고 있습니다. 특히 제가 관심 있는 과학 분야가 ○○ 고등학교에서 여러 동아리 활동으로 운영되는 것으로 알고 있습니다. 이런 활동에 적극적으로 참여해 알게 된 이론들을 실제 탐구와 연결해 공부해 보고 싶습니다.

셋째로는 균형 잡힌 학습 습관을 갖추고 싶습니다. 단순히 시험 성적에만 집중하는 것이 아니라, 학교 독서 프로그램과 토론 활동에도 참여해 사고의 폭을 넓히고 싶습니다.

이처럼 ○○ 고등학교가 제공하는 다양한 기회를 통해 학업적 성장뿐만 아니라 자기주도적 학습 태도를 확실히 기르고 싶습니다.

Tip

이 질문은 학생이 단순히 열심히 하겠다는 다짐을 넘어, 실제로 어떤 방법과 프로그램을 통해 학습할 것인지를 확인하려는 것입니다. 따라서 답변에서는 최소한 세 가지 정도의 구체적인 방법을 제시하는 것이 좋습니다.

또한 해당 학교의 교육 이념이나 특색 있는 프로그램을 언급하면 준비된 학생이라는 인상을 줄 수 있습니다. 따라서 미리 학교의 프로그램을 살펴보는 것이 좋습니다. 마지막에는 단순히 성적 향상에 그치지 않고, 자기주도적 학습 태도와 사고 확장으로 이어지겠다는 포부 등으로 마무리하면 안정적인 답변이 됩니다.

비슷한 유형의 문제

Q 우리 학교에 입학한다면 가장 집중하고 싶은 교과목은 무엇인가요?

Q 입학 후 자기 주도적 학습을 어떻게 실천할 계획인가요?

Q 우리 학교의 독서·토론 활동에 어떻게 참여하고 싶은지 말해 보세요.

답안

1) 핵심

2) 사례

3) 정리

A 제가 ○○ 고등학교에서 만들고 싶은 행사는 재능 나눔 축제입니다. 이 행사는 학생들이 가진 다양한 재능을 서로 공유하고 배우는 자리입니다.

예를 들어 음악을 잘하는 학생은 작은 공연을 열고, 과학에 관심 있는 학생은 실험 체험 부스를 마련하며, 글쓰기를 좋아하는 학생은 짧은 글을 전시할 수 있습니다. 이렇게 하면 학생들끼리 서로의 재능을 존중하며 배우고, 자신감도 키울 수 있을 것입니다. 물론 규모가 크거나 화려한 행사는 아닐 수 있습니다. 그러나 자신이 잘하는 것, 친구들이 잘하는 것들을 보며 서로 좋은 영향을 줄 수 있으며 행사를 준비하는 과정에서 자신의 장점을 더욱 키울 수 있다고 생각합니다.

저는 중학교 때 교내 동아리 발표회에서 친구들의 다양한 재능을 보고 큰 자극을 받은 경험이 있습니다. 그 경험을 바탕으로 ○○ 고등학교에서도 학생들이 자유롭게 참여할 수 있는 행사를 만든다면 즐겁고 의미 있는 시간이 될 것이라고 생각합니다. 또한 이 행사는 단순한 즐거움을 넘어 서로의 다양성을 인정하고 함께 성장하는 계기가 될 것이라 믿습니다.

> **Tip**
>
> 이 질문은 학생이 학교생활을 얼마나 적극적으로 상상하고 기여할 의지가 있는지를 확인하는 문제입니다. 답변할 때는 먼저 행사의 성격을 명확히 제시하고, 어떤 방식으로 진행되는지 구체적인 활동 예시를 들면 설득력이 커집니다.
>
> 또한 단순히 재미를 위한 행사라는 수준을 넘어, 학생들의 성장·자신감·공동체 의식으로 이어진다는 점을 강조하면 더 깊이 있는 답변이 됩니다. 본인의 경험을 넣어 행사를 떠올리게 된 계기를 밝히면 진정성도 생기겠지요. 물론 경험이 없다면 간접 경험(책이나 영상 등)을 살리는 것도 방법입니다. 마지막에는 학교 전체가 함께 배우고 성장한다는 메시지로 정리하면 좋습니다.

비슷한 유형의 문제

Q 우리 학교에서 새롭게 만들고 싶은 동아리가 있다면 무엇인가요?

Q 학교 축제에서 직접 기획해 보고 싶은 프로그램은 무엇인가요?

Q 우리 학교에 추가되면 좋겠다고 생각하는 봉사 활동은 무엇인가요?

문제 17. 우리 학교의 건학 이념 중에서 나와 닮은 모습 두 가지를 말하세요.

답안
1) 핵심

2) 사례

3) 정리

A ○○ 고등학교의 건학 이념 가운데 제가 닮은 점은 성실함과 봉사 정신입니다. 먼저 성실함입니다. 저는 맡은 일을 끝까지 책임지고 꾸준히 노력하는 태도를 중요하게 생각합니다. 예를 들어 시험 기간에는 단기간 벼락치기보다는 매일 계획을 세워 조금씩 공부했습니다. 그 결과 성적 향상뿐 아니라 꾸준히 노력하는 습관까지 기를 수 있었습니다.

둘째는 봉사 정신입니다. 저는 주변 사람들을 돕는 것이 제 삶을 풍요롭게 한다고 믿습니다. 학급 봉사를 위해 교실 정리 도우미 역할을 2년 동안 자발적으로 꾸준히 맡으며 친구들과 선생님께 신뢰를 얻을 수 있었습니다.

이처럼 성실함과 봉사 정신은 제 생활 속에서 드러나는 모습이며, 이는 ○○ 고등학교의 건학 이념과도 깊이 닮아 있다고 생각합니다. 앞으로도 이러한 태도를 바탕으로 학교생활에 적극적으로 참여하고 싶습니다.

Tip

이 질문은 학생이 학교의 건학 이념을 얼마나 잘 이해하고 있는지를 확인하는 문제입니다. 따라서 답변할 때는 이념에서 조건에 맞추어 두 가지를 확실하게 뽑아내고, 각각을 본인의 실제 경험과 연결해야 구체적이고 진정성 있게 들립니다.

또한 단순히 과거 사례에만 머물지 않고, 앞으로 그 이념을 학교생활 속에서 어떻게 이어 가고 싶은지를 말하면 답변이 완성됩니다. 예를 들어 성실함을 통해 학업 성취를 이어 가고, 봉사 정신을 통해 공동체 속에서 기여하겠다는 포부를 덧붙이면 답변의 설득력이 더 커집니다.

비슷한 유형의 문제

Q 우리 학교 교훈 가운데 자신과 닮은 점을 말해 보세요.

Q 학교가 추구하는 인재상 중에서 본인과 가장 가까운 부분은 무엇인가요?

Q 학교 상징물이나 교표가 담고 있는 의미 중 자신과 연결할 수 있는 것은 무엇인가요?

답안

1) 핵심

2) 사례

3) 정리

A 중학교 생활 중 제가 가장 기억에 남는 활동은 과학 탐구 대회 준비였습니다. 평소에도 과학을 좋아했지만, 대회를 준비하면서 단순한 지식 암기가 아니라 실제 실험과 발표로 이어지는 과정을 처음 경험했기 때문에 기억에 많이 남습니다.

특히 실험이 잘 되지 않아 팀원들과 밤늦게까지 방법을 바꿔 가며 시도했던 일이 가장 기억에 남습니다. 힘든 과정이었지만 서로 협력하며 문제를 해결했을 때 큰 성취감을 느꼈습니다. 또 준비 과정에서 발표 자료를 직접 제작하고 많은 사람들 앞에서 떨지 않고 발표를 마무리했는데, 이를 통해 제 발표 능력도 향상되었다고 생각합니다.

이 활동을 통해 저는 대회 성적 이상의 의미를 얻었다고 생각합니다. 꾸준히 노력하면 문제를 해결할 수 있다는 자신감을 얻었고, 협동심과 소통의 중요성도 깨달을 수 있었습니다. 그래서 과학 탐구 대회는 제 중학교 생활 중 가장 값진 경험으로 기억에 남아 있습니다.

Tip

이 질문은 학생이 어떤 활동을 통해 어떻게 성장했는지를 확인하려는 것입니다. 답변할 때는 활동 이름만 말하고 최선을 다했다는 피상적인 답변에서 그치지 말고, 상황 → 노력 과정 → 배운 점 → 의미 순서로 정리하면 논리적입니다.

특히 너무 많은 경험을 나열하기보다는 한두 가지 핵심 사례에 집중하는 것이 좋습니다. 또한 단순히 성적이나 결과만 말하면 평범해 보이므로, 그 과정에서 얻은 성장과 깨달음을 강조하세요. 마지막에는 이 경험이 앞으로의 학교생활에 어떤 영향을 줄 것인지 연결해 주면 답변이 더 설득력 있게 들립니다.

비슷한 유형의 문제

Q 중학교 생활 중 가장 도전적이었다고 느낀 경험은 무엇인가요?

Q 중학교 활동 중에서 협력의 중요성을 배운 사례가 있다면 무엇인가요?

Q 학교 행사 중 자신에게 가장 큰 의미를 준 경험은 무엇인가요?

답안

1) 핵심

2) 사례

3) 정리

A 저는 스트레스를 받을 때 운동과 음악 감상으로 해소합니다. 공부나 시험 준비로 지칠 때 가볍게 조깅을 하거나 농구를 하면 기분이 한결 가벼워집니다. 땀을 흘리면서 마음속 답답함이 풀리는 것을 느낄 수 있습니다.

또 이동 시간이나 집에서 공부할 때에는 제가 좋아하는 음악을 들으며 휴식을 취합니다. 특히 유명한 노래를 피아노로 연주한 곡들을 들으면 마음이 차분해져 다시 집중할 힘을 얻습니다. 실제로 시험 기간에 스트레스를 받을 때에는 이 방법을 통해 마음을 안정시켰고, 덕분에 집중해서 공부를 이어가곤 했습니다.

저는 앞으로도 스트레스를 피하기보다는 건강하게 해소하면서 꾸준히 자기 관리를 할 수 있는 학생이 되고 싶습니다.

Tip

이 질문은 학생이 자기 관리 능력을 어떻게 갖추고 있는지 확인하려는 것입니다. 단순히 운동한다, 음악을 듣는다와 같은 수준으로만 말하면 평범하게 들릴 수 있습니다. 따라서 답변할 때는 방법 → 구체적 사례 → 효과의 흐름으로 정리하는 것이 좋습니다.

또한 해소 방법이 단순한 기분 전환에 그치지 않고, 다시 학습이나 생활에 긍정적으로 이어졌다는 점을 강조하면 답변이 더욱 설득력 있게 들립니다. 마지막에는 앞으로도 꾸준히 관리해 나가겠다는 다짐으로 정리하면 안정적인 답변이 됩니다.

비슷한 유형의 문제

Q 시험 기간에 긴장을 풀기 위해 사용하는 방법은 무엇인가요?

Q 실패나 실수를 했을 때 어떻게 극복하나요?

Q 피곤하거나 의욕이 떨어질 때 자신을 어떻게 다시 일으키나요?

답안

1) 핵심

2) 사례

3) 정리

A 저를 잘 표현하는 습관은 하루 계획을 세우는 것입니다. 저는 아침에 학교에 가기 전에 그날 해야 할 일을 간단히 메모장에 적어 두는 습관이 있습니다. 수업 복습, 숙제, 동아리 활동 준비처럼 해야 할 일을 정리해 놓으면 하루가 훨씬 체계적으로 정리되는 느낌을 받는 것을 좋아합니다.

특히 시험 기간에 이 습관은 많은 도움이 됩니다. 고사 기간에는 과목별 공부 시간을 미리 나누어 적어 놓고 그대로 실천하려 노력했습니다. 덕분에 벼락치기를 하지 않고도 안정적으로 공부할 수 있었고, 성적도 꾸준히 유지할 수 있었습니다. 이 습관은 단순히 성적 관리뿐 아니라 시간을 효율적으로 쓰는 습관을 기르는 데에도 큰 도움이 되었습니다.

저는 앞으로도 이 습관을 이어 가면서 시간 관리를 잘해 나가며, 스스로 계획하고 실천하는 책임감을 키워 가고 싶습니다.

Tip

이 질문은 학생이 자신을 얼마나 잘 이해하고 표현할 수 있는지를 확인하는 문제입니다. 따라서 답변할 때는 습관을 하나만 명확하게 제시하고, 그것이 본인을 대표하는 성격이나 태도와 어떻게 연결되는지를 설명하는 것이 중요합니다.

또한 습관이 단순히 반복적인 행동에 그치지 않고, 구체적인 성과나 긍정적 변화로 이어진 사례를 곁들이면 답변이 훨씬 살아납니다. 마지막에는 앞으로도 그 습관을 유지하며 어떻게 발전시킬지 다짐을 더하면 완성도가 높아집니다.

비슷한 유형의 문제

Q 지금까지 가장 오래 유지해온 좋은 습관은 무엇이며, 그 습관이 학생에게 어떤 영향을 주었나요?

Q 공부 습관 중에서 본인을 가장 잘 보여 줄 수 있는 습관은 무엇인가요?

Q 생활 습관 중 앞으로도 꼭 지키고 싶은 습관은 무엇인가요?

2장 | 사고 확장: 심화 질문 훈련하기

1장에서 기본 질문 연습을 통해 면접 답변의 기초 틀을 익혔다면, 이제는 그 토대를 바탕으로 더 깊이 있는 심화 질문에 대비해야 합니다.

기본 질문이 주로 자기소개, 학교생활, 생활 습관과 같은 비교적 단순한 주제였다면, 심화 질문은 가치관, 진로, 사회 현안, 자기소개서 속 핵심 키워드 등 보다 확장된 주제를 다루게 됩니다.

이 단계에서는 단순히 외워서 답하는 것이 아니라, 내 생각을 논리적으로 정리해 표현하는 연습이 중요합니다. 예를 들어, '가장 좋아하는 과목은 무엇인가요?' 라는 기본 질문에 답할 수 있다면, 심화 질문에서는 '그 과목을 통해 무엇을 배우고, 앞으로 어떻게 진로와 연결할 것인가요?' 와 같은 식으로 조금 더 깊은 질문을 받을 수 있거나 기본 질문에 이어진 꼬리 질문을 받을 수 있습니다.

그렇지만 너무 걱정하지 말고 앞서 연습한 기본 문제들을 바탕으로 이제 조금 더 어려운 문제들을 살펴 보는 시간을 가지면 됩니다. 면접을 성공적으로 준비하기 위한 원칙은 여전히 같습니다. 차분하게, 진정성 있게 대답하는 것입니다.

심화 질문은 이 책에서 다루지 않은 주제들이나 예상하지 못한 질문에 대비하기 위한 과정이라고 생각하면 좋습니다. 예상하지 못한 질문을 받으면 생각이 막힐 수 있습니다. 그렇다고 현실적으로 모든 예상 질문을 준비하는 어렵고 사실상 불가능합니다. 그렇기에 핵심과 사례, 정리라는 큰 틀 안에서 당황하지 않고 대답하는 연습이 필요합니다.

이제부터는 언제 어디서 어떤 질문을 받든 대답할 준비가 되어 있어야 합니다. 항상 당황하지 않고 대답하는 훈련을 해 보세요. 질문을 들었을 때에는 짧게 잠시 숨을 고르고, 핵심 키워드부터 짧게 말한 뒤 이어서 구체적으로 설명하는 습관을 들이는 것을 연습해 봅시다.

이 과정이 익숙해지면 면접관 앞에서 예상치 못한 질문을 받더라도 스스로 답을 만들어 낼 힘이 생깁니다. 조금 더 멀리 생각해보면 심화 질문에 대한 연습은 단순히 면접 대비뿐 아니라 나를 더 깊이 이해하고 설명할 수 있는 힘을 길러 주는 훈련입니다.

답안

1) 핵심

2) 사례

3) 정리

A 친구들은 가끔 저에게 너는 믿을 만한 사람이라고 말해줄 때가 있습니다. 친구들의 고민을 잘 들어주고, 어려운 상황에서도 포기하지 않고 끝까지 함께하는 모습을 보여주었기 때문인 것 같습니다.

저는 작년에 과학 실험 대회 준비하며, 친구가 어려움을 겪었을 때 함께 남아 자료를 정리하고 친구를 도운 경험을 한 적이 있었습니다. 친구는 그 당시 성적이 떨어져 자존감이 낮아져 있었고 그 고민을 저에게 털어놓았습니다. 저는 그 친구와 매일 함께 공부 계획을 세우며 서로를 응원했습니다. 또한 친구들에게 자주 격려를 해 주며 함께 꼼꼼하게 대회를 준비해 나갔습니다. 그 결과 성공적으로 과학 실험 대회를 마칠 수 있었고 좋은 성적도 얻을 수 있었습니다. 그 경험 이후 친구들이 저에게 고민을 자주 털어놓았고, 저도 더욱 친구들의 고민을 진지하게 들어주게 되었습니다.

좋은 친구 관계는 신뢰와 안정감으로 이어진다고 생각합니다. 앞으로도 친구들에게 더 믿음을 줄 수 있는 사람이 되기 위해 노력할 것입니다.

Tip

이 질문은 학생의 사회적 관계 형성 능력과 신뢰도를 평가하려는 의도가 있습니다. 단순히 친구들이 나를 평가하는 것에서 답변이 끝나면 피상적으로 보일 수 있습니다. 반드시 친구가 실제로 나를 어떻게 평가했는지, 그 이유가 되는 구체적 행동과 그로 인해 관계가 어떻게 변했는지의 흐름을 담아야 설득력이 생깁니다. 또한 주의할 점은 친구를 단순히 도움을 받는 존재로만 두지 않고, 서로 영향을 주고받는 동등한 관계로 설명해야 한다는 것입니다. 이렇게 말하면 교우 관계에서 배려와 협력의 태도를 자연스럽게 드러낼 수 있고, 교만하지 않은 모습을 보일 수 있습니다.

비슷한 유형의 문제

Q 어려운 상황의 친구에게 도움을 준 구체적인 사례를 말해 보세요.

Q 친구에게 긍정적인 영향을 준 경험이 있다면 무엇인가요?

Q 친구가 본인에게 해 준 조언이나 평가 중 가장 기억에 남는 것은 무엇이며, 그것이 어떤 변화를 주었나요?

답안

1) 핵심

2) 사례

3) 정리

A 저는 좋아하는 일을 선택하고 싶습니다. 즐거움은 순간적일 수 있지만, 좋아하는 일은 꾸준히 몰입할 수 있는 힘을 주기 때문입니다.

저의 예를 들어보겠습니다. 저는 글쓰기를 좋아합니다. 단순히 글을 쓰는 순간이 즐거운 것뿐만 아니라, 힘들고 지루할 때도 글을 쓰면 마음이 정화되고 원래 하던 일에 다시 집중할 수 있습니다. 물론 글쓰기가 언제나 잘 되는 것은 아닙니다. 학교에서 보고서나 독후감을 쓰거나 학교 신문반 활동을 할 때에도 아이디어가 잘 떠오르지 않아 고민한 적도 많았습니다. 하지만 글쓰기를 좋아한다는 마음 때문에 끝까지 글을 완성할 수 있었고, 좋은 결과까지 얻었을 때에는 큰 성취감을 느낄 수 있었습니다.

이처럼 좋아하는 일은 단순한 즐거움 이상으로 꾸준한 노력을 이끌어 주고, 실패와 어려움도 이겨내며 긍정적인 영향을 줍니다. 따라서 저는 잘하는 일보다 좋아하는 일을 선택하는 것이 더 큰 의미를 줄 것이라 생각합니다.

Tip

이 질문은 표면적으로는 선택의 기준을 묻는 것 같지만, 실제로는 학생의 가치관을 평가하고자 하는 문제입니다. 답변할 때는 두 개의 선택지 중 하나를 명확히 세워 답변하는 것이 좋습니다. 예를 들어 잘하는 일은 성과와 연결될 수 있지만, 좋아하는 일은 꾸준한 동기와 열정을 만들어 준다고 설명하면 구조가 분명해지는 것을 알 수 있습니다.

또한 단순히 좋아한다는 것을 언급하는 것으로 답변을 하지 말고, 좋아하는 일이 어려움 속에서도 계속할 수 있었던 지속성의 증거를 사례로 제시하면 설득력이 크게 높아집니다. 마지막에는 이러한 선택이 단순한 개인적 취향을 넘어, 앞으로 어떤 삶의 태도로 이어질지를 연결하면 답변이 성숙하게 들립니다.

비슷한 유형의 문제

Q 결과 중심의 삶과 과정 중심의 삶 중 무엇을 선택하고 싶나요?

Q 안정적인 직업과 도전적인 직업 중 무엇을 선택하고 싶나요?

Q 개인의 성취와 공동체의 이익이 충돌할 때, 무엇을 우선시하고 싶나요?

답안

1) 핵심

2) 사례

3) 정리

A 저는 동물 실험에 대해 신중한 태도를 가져야 한다고 생각합니다.

동물 실험은 의학이나 과학의 발전을 위해 꼭 필요한 경우가 있습니다. 새로운 약품이나 치료법을 사람에게 적용하기 전에 안전성을 확인하는 과정은 사회 전체에 큰 도움이 됩니다. 하지만 생명을 가진 동물이 불필요한 고통을 받는 것은 옳지 않다고 생각합니다.

최근에는 화장품 업계 등에서도 동물 실험을 대체하는 방법이 활발히 연구되고 있으며, 동물 실험을 활용하지 않은 비건 화장품도 점차 늘어나고 있습니다. 저는 이러한 시도가 매우 바람직하다고 생각합니다. 이와 같이 동물 실험은 대체할 수 없는 꼭 필요한 최소한의 범위에서만 이루어져야 합니다.

동물 또한 생명입니다. 따라서 동물 실험은 책임 있는 태도로 최소한으로 진행해야 하며, 점차 대체 방법을 활용해 책임 있는 과학 발전을 이루어야 합니다.

Tip

이 질문은 학생이 사회적 논란이 있는 문제를 얼마나 균형 있게 바라볼 수 있는지 확인하는 것입니다. 단순히 찬성이나 반대만 말하면 편향적으로 들릴 수 있기 때문에, 필요성 인정 → 문제점 지적 → 대안 제시라는 세 단계를 포함해 답변을 구성해야 설득력이 생깁니다.

또한 동물 실험이 필요하다는 부분에서는 의학·생명과학 같은 공공적 이익을 강조하고, 동물 실험을 조심해야 한다고 말할 때에는 동물 복지나 윤리적 한계를 언급하는 것이 좋습니다. 마지막으로 대안은 대체 실험 기술을 언급해야 답변이 성숙해 보입니다. 이렇게 하면 학생이 단순한 감정적 판단이 아니라, 책임감 있는 태도를 가지고 있다는 점을 효과적으로 보여줄 수 있습니다.

비슷한 유형의 문제

Q 플라스틱 사용을 줄이기 위해 일회용품을 법적으로 금지하는 것에 대해 어떻게 생각하나요?

Q 유전자 편집 기술을 활용하는 것에 대한 의견을 말해 보세요.

Q 기후 변화를 해결하기 위해 경제 성장을 희생해야 한다는 주장에 대해 어떻게 생각하나요?

답안

1) 핵심

2) 사례

3) 정리

A 제가 최근에 관심을 갖게 된 국제적 이슈는 기후 변화와 이에 따른 국제 협력 문제입니다. 기후 변화는 특정 국가만의 문제가 아니라 전 세계가 함께 해결해야 하며, 꾸준하게 관심을 가져야 하는 과제라고 생각합니다.

최근 여러 나라에서 발생한 자연재해는 기후 변화의 심각성을 보여 줍니다. 이를 해결하기 위해 유엔 기후 정상회의와 같은 국제 협력이 이루어지고 있으며, 탄소 배출을 줄이고 재생에너지 사용을 확대하고 있습니다.

평소 기후에 관심이 많았던 저는 이 문제에 관심을 가지면서 작은 실천도 중요하다는 것을 깨달았습니다. 학교에서 분리수거를 철저히 하거나 불필요한 전기를 줄이는 등 일상 속에서 작은 노력이 필요합니다. 또한 석유 대신 전기를 활용하는 것, 자연 에너지를 활용하는 제품을 사용하는 것도 기후 변화를 막을 수 있는 노력이라고 생각합니다.

결국 국제적 이슈는 개인의 작은 실천이 문제 해결의 첫 걸음이 된다고 생각합니다.

Tip

국제적 이슈는 주제가 크기 때문에 학생이 막연하게 설명하면 공허하게 들릴 수 있습니다. 따라서 자주 나오는 국제적 이슈로 답을 하는 것이 좋습니다. 국제적 현상 → 구체적 사례 → 나의 생각과 실천으로 구성해 답변하면 정리가 쉽습니다.

또한 이 질문은 단순히 시사 지식을 묻는 것이 아니라, 학생이 세계 문제를 자기 삶과 어떻게 연결하는지를 보고자 하는 것입니다. 따라서 기후 변화·전쟁·난민·인권 같은 큰 주제를 선택하더라도 뉴스에서 접한 사례와 내가 왜 관심을 가지게 되었는지에 대해 덧붙여야 답변이 설득력을 얻습니다. 마지막에는 개인의 작은 실천이 국제적 문제 해결에 연결된다는 점을 강조하면 정리된 답변이 됩니다.

비슷한 유형의 문제

Q 최근 국제 사회의 이슈인 난민 문제에 대해 어떻게 생각하나요?

Q 전쟁이나 분쟁과 같은 국제 갈등 상황에 대해 학생으로서 어떤 태도를 가져야 한다고 생각하나요?

Q 국제 협력을 통해 해결해야 할 보건·의료 문제에는 어떤 것이 있나요?

답안

1) 핵심

2) 사례

3) 정리

A 저는 우리 사회의 소외된 이웃을 돕기 위해서는 관심과 참여가 가장 중요하다고 생각합니다. 정부나 기관의 지원도 필요하지만, 개인의 작은 행동이 모여 큰 변화를 만들 수 있습니다.

저는 학교에서 진행한 도시락 나눔 봉사에 참여한 적이 있습니다. 제가 맡은 일은 단순히 음식을 나누어 주는 활동이었지만, 이웃들의 따뜻한 미소와 고마움의 말을 들으면서 작은 실천이 큰 힘이 될 수 있음을 느꼈습니다. 또한 요즘은 온라인을 통해 기부나 재능 나눔에 참여할 수 있는 방법도 많습니다. 제가 가진 능력을 활용해 경제적으로 어려운 학생들에게 학습 멘토링을 하거나, 독거 노인분들의 집을 정리해 드리는 작은 일도 어렵지 않게 소외된 이웃을 도울 수 있는 방법이라고 생각합니다.

결국 소외된 이웃을 돕는 일은 거창한 것이 아니라, 주변을 돌아보고 내가 할 수 있는 일부터 시작하는 것이 가장 큰 의미를 가진다고 생각합니다.

Tip

이 질문은 학생의 공감 능력과 사회적 책임 의식을 평가하는 항목입니다. 단순히 기부, 봉사라는 일반적 답으로는 차별성이 부족하므로, 반드시 실제 경험이나 현실적인 방법을 곁들여야 합니다.

답변 구조는 중요성 강조 → 경험·구체적 방법 → 의미 정리 순서가 안정적입니다. 경험이 없다면 가상의 구체적 상황을 제시해도 괜찮습니다. 또 봉사를 단순히 선행으로만 말하기보다는, 서로 영향을 주고받는 과정이라는 시각을 덧붙이면 답변이 더 성숙해집니다. 마지막에는 작은 실천이 모여 사회의 큰 변화를 이끌 수 있다는 긍정적 메시지로 정리하면 깔끔하게 마무리할 수 있습니다.

비슷한 유형의 문제

Q 지역 사회를 위해 학생으로서 할 수 있는 작은 실천에는 어떤 것들이 있다고 생각하나요?

Q 장애가 있는 친구와 함께 생활할 때 어떤 점을 배려해야 한다고 생각하나요?

Q 사회적 편견을 줄이기 위해 학교에서 실천할 수 있는 활동에는 무엇이 있을까요?

답안

1) 핵심

2) 사례

3) 정리

A 저는 청소년이 세상을 넓게 보기 위해서는 다양한 경험과 독서가 선행되어야 한다고 생각합니다. 세상의 여러 문제와 가치를 깊이 이해하기에는 일단 생각할 수 있는 힘을 기르고 시각을 넓히는 것이 중요하다고 생각하기 때문입니다. 저는 해외 청소년과의 온라인 교류 프로그램에 참여한 적이 있습니다. 같은 나이의 학생이지만 전혀 다른 문화와 환경에서 살아가는 이야기를 서로 나누며, 제가 당연하게 여기던 것들이 다른 환경에서는 다르게 해석될 수 있음을 알게 되었습니다. 또한 다른 나라의 작가들이 쓴 책을 읽으며 다른 나라의 문화를 알게 되었고, 조금씩 생각하는 관점을 넓힐 수 있었습니다.

이런 경험은 저에게 단순히 지식의 확장이 아니라, 세상을 바라보는 태도를 바꾸는 계기가 되었습니다. 따라서 청소년은 직접 체험과 독서를 통해 열린 생각을 해 보고, 다양한 가치와 문화를 존중할 수 있는 시각을 키워야 한다고 생각합니다.

Tip

이 질문은 학생이 호기심, 개방성, 다양성 존중 태도를 가지고 있는지를 확인하려는 것입니다. 그러나 단순히 세상을 넓게 보려면 경험과 독서가 필요하다고만 하면 자칫 교과서적인 답으로 들릴 수 있습니다. 따라서 반드시 구체적 사례를 들어 설득력을 높이는 것이 중요합니다.

또한 경험이나 독서가 단순히 지식 습득이 아니라 시각의 변화와 태도의 확장으로 이어졌다는 점을 강조하면 답변이 한층 깊어집니다. 마지막에는 다양성을 존중하는 태도를 위한 것이라는 점을 언급하며 정리하는 것이 좋습니다.

비슷한 유형의 문제

Q 다른 문화권의 친구와 교류한다면 어떤 점을 배우고 싶나요?

Q 여행이나 체험 활동을 통해 얻은 가장 큰 깨달음은 무엇인가요?

Q 새로운 관점을 받아들이는 것이 왜 중요한지 본인의 경험을 바탕으로 설명해 보세요.

답안
1) 핵심

2) 사례

3) 정리

A 제가 장애인을 위한 편의 시설을 만든다면, 가장 먼저 이동의 편리함을 보장할 수 있는 시설을 먼저 생각하겠습니다.

예를 들어 시각장애인을 위한 음성 안내 시스템이 설치된 무빙 워크나 휠체어 이용자를 위한 자동 경사로와 같은 시설이 필요합니다. 저는 얼마 전 지하철역에서 휠체어를 탄 분이 계단 때문에 이동에 어려움을 겪는 모습을 본 적이 있습니다. 그때 누구나 당연하게 누리는 이동권이 보장되지 않을 수 있다는 생각을 하고 장애인들에게 실질적인 도움을 주는 변화가 필요하다고 느꼈습니다.

이뿐만 아니라 단순히 물리적인 공간에 그치지 않고, 장애인이 정보를 쉽게 얻을 수 있도록 디지털 접근성을 높이는 것도 중요합니다. 예를 들어 시각 장애인은 키오스크를 사용하기 어렵기 때문에 음성 기능이 지원되는 전자 키오스크가 있다면 큰 도움이 될 것입니다.

편의 시설은 장애인을 위한 특별한 것이라고 생각하기보다는 우리 모두가 함께 살아가는 사회를 만드는 기본적인 장치라고 생각합니다.

Tip

이 질문은 학생이 배려심과 사회적 감수성을 얼마나 현실적으로 보여줄 수 있는지를 평가합니다. 단순히 장애인을 위한 시설이 필요하다고만 답하면 추상적으로 들릴 수 있으니, 반드시 구체적 사례와 함께 제시해야 설득력이 생깁니다. 또한 단순한 물리적 공간을 넘어서 정보 접근성, 디지털 편의성 같은 확장된 시각을 보여 주면 깊은 생각이 드러나는 답변이 됩니다. 마지막에는 모두가 함께 살아가는 사회가 되는 것에 가치를 두는 메시지로 연결해 주면 답변의 깊이가 높아집니다.

비슷한 유형의 문제

Q 우리 사회에서 어르신들을 위해 새롭게 마련하면 좋을 제도나 시설은 무엇이 있는지 말해 보세요.

Q 다문화 가정을 위한 학교 차원의 지원에는 어떤 것들이 필요한가요?

Q 학생으로서 사회적 약자를 위한 작은 실천 방법을 말해 보세요.

답안
1) 핵심

2) 사례

3) 정리

A 우리 사회에서 '틀림'이 아닌 '다름'을 인정하는 것은 다양성을 존중하고 공존할 수 있는 기반이 되기 때문에 중요합니다. 사람은 누구나 서로 다른 배경과 생각을 가지고 살아갑니다. 이를 틀렸다고 단정하면 갈등이 생기지만, 다름으로 받아들일 때 더 큰 시너지와 발전이 가능합니다.

저는 이것을 학교에서 토론 수업 시간의 경험으로 깨닫게 되었습니다. 토론에서 이기기 위해 제 주장을 근거를 통해 관철해야만 했으므로, 제 주장이 맞다고만 생각하고 토론을 준비했습니다. 그러나 친구의 의견을 편견 없이 들어 보니 제 주장이 아닌 다른 시각에서도 배울 점이 있다는 것을 깨닫게 되었습니다. 토론이다 보니 찬성과 반대가 있으나, 모든 주장에는 틀림보다는 그저 다름이 있다는 것을 느끼게 된 것입니다. 그 경험 이후 저는 다름을 인정하는 태도가 문제 해결의 출발점이라는 생각이 들었습니다. 우리 사회에서도 다양한 문화와 생각을 존중할 때 더 창의적이고 조화로운 발전을 이룰 수 있다고 생각합니다. 따라서 다름을 인정하는 것은 건강한 공동체를 만드는 데 꼭 필요한 자세이며, 저 역시도 그런 자세를 가진 사람이 되고자 노력할 것입니다.

Tip

이 질문은 학생이 얼마나 열린 태도와 포용성을 가지고 있는지를 평가합니다. 단순히 다름을 인정해야 한다는 선언으로 끝내지 말고, 반드시 개인적 경험 → 깨달음 → 사회적 확장으로 이어가야 답변이 깊어집니다. 특히 토론, 동아리 활동, 교류 경험처럼 실제 사례를 한 줄이라도 넣으면 답변의 진정성이 강해집니다. 마지막에는 다름을 인정하는 것이 곧 갈등 예방, 창의적 발전, 건강한 공동체 형성으로 이어진다는 점을 강조하면 무난하고 성숙한 답변이 됩니다.

비슷한 유형의 문제

Q 다문화 친구와 함께 생활할 때 어떤 점을 배려할 수 있을까요?

Q 장애를 가진 친구와 협력 활동을 한다면 어떻게 배려할 수 있을까요?

Q 세대 간 갈등을 줄이기 위해 청소년으로서 어떤 노력을 할 수 있을까요?

답안

1) 핵심

2) 사례

3) 정리

A 제가 중학교 때 배운 과학 개념 중 실생활에 적용해 효과적이었다고 느낀 것은 압력의 원리입니다. 과학 시간에 압력은 같은 힘이라도 작용하는 면적이 좁을수록 더 크게 작용한다는 것을 배웠습니다. 이를 실제로 느낀 경험은 겨울철 눈이 많이 왔을 때였습니다. 제가 눈썰매장에 갔을 때, 일반 신발을 신고 눈밭을 걸으면 발이 깊이 빠졌지만, 눈썰매장에서 빌린 넓은 판으로 된 신발을 신었을 때는 눈 위를 훨씬 쉽게 걸을 수 있었습니다. 이는 면적이 넓어져 압력이 분산되었기 때문이라는 것을 알았습니다.

또 주방에서 사용하는 칼에도 적용된다는 것을 알았습니다. 칼날이 얇을수록 잘 잘리는 이유가 바로 압력의 원리라는 것을 알게 되었을 때, 작은 기쁨을 느낄 수 있었습니다.

이렇게 교과서에서 배운 개념을 생활 속에서 직접 확인하니 과학이 단순한 이론이 아니라 실제 생활과 밀접하게 연결되어 있다는 것을 깨달을 수 있었고, 이 경험 이후 저는 과학을 더 흥미롭게 바라보게 되었습니다.

Tip

이 질문은 학생이 배운 개념을 단순히 암기한 수준을 넘어서, 실제 생활과 연결하는 통합적 사고력을 가지고 있는지를 평가합니다. 답변할 때는 먼저 개념을 간단히 정의하고, 그 뒤에 구체적 경험을 현실적으로, 자세하게 제시하는 것이 좋습니다. 또 단순히 사례만 나열하지 말고, 그래서 과학이 왜 흥미로워졌는지, 어떤 태도의 변화를 주었는지를 정리하면 답변이 깊어집니다. 특히 이 문제는 다른 교과(수학, 예술, 체육 등)로 변형될 수 있으므로, 과학 외에도 과목별로 준비해 두면 유리합니다.

비슷한 유형의 문제

Q 중학교에서 배운 수학 개념 중 실생활에 활용해 본 경험을 설명해 보세요.

Q 미술이나 음악 수업에서 배운 내용이 일상이나 다른 활동에 도움이 되었던 사례를 말해 보세요.

Q 체육 시간에 배운 원리를 생활 속에서 활용했던 경험이 있다면 소개해 보세요.

답안
1) 핵심

2) 사례

3) 정리

A 저는 정리 후 설명하기 방법을 저만의 학습법으로 사용하고 있습니다.

먼저 수업 시간에 배운 내용을 단순히 필기하고 그 후에 다시 보는 것에 그치지 않고, 필기를 통해 중요한 개념을 스스로 정리한 뒤 친구나 가족에게 설명하듯 말해 봅니다. 중학교 때 역사 과목을 공부하면서 이 방법이 큰 도움이 된다는 것을 알게 되었습니다. 단순히 교과서를 반복해서 읽을 때는 잘 외워지지 않았지만, 사건의 흐름을 그림으로 정리한 뒤 큰 소리로 설명해 보니 이해가 훨씬 잘 되고 오래 기억되었습니다.

또 수학 문제를 풀 때에도 공식을 단순히 암기하는 데에 그치지 않고, 문제 해결 과정을 친구에게 가르쳐 주는 방식으로 연습했습니다. 덕분에 시험 때 단순 암기가 아니라 원리를 이해한 상태로 답을 쓸 수 있었습니다.

저는 앞으로도 이 학습법을 활용해 단순히 지식을 쌓는 데서 멈추지 않고, 다른 사람까지도 이해하도록 설명할 수 있는 역량을 길러 학생들을 가르치는 사람이 되고 싶습니다.

Tip

이 질문은 학생이 공부를 수동적으로 하는지, 능동적으로 하는지를 확인하고자 하는 문제입니다. 최선을 다한다, 열심히 한다 표현은 누구나 할 수 있기 때문에, 나만의 구체적인 방식이 반드시 드러나야 합니다. 답변 구조는 학습법 소개 → 실제 적용 사례 1~2개 → 효과와 느낀 점 → 앞으로의 활용으로 정리하면 안정적입니다. 특히 '정리 후 설명하기' 방법은 이해 중심 학습, 발표·표현 능력 강화, 자기 주도적 태도라는 세 가지 장점과 연결할 수 있어 설득력이 큽니다. 마지막에는 이 학습법이 앞으로의 고등학교 생활이나 진로 준비와도 연계가 가능하다는 점을 언급하는 것이 좋습니다.

비슷한 유형의 문제

Q 시험 기간에 집중력을 높이기 위해 본인이 활용하는 방법은 무엇인가요?

Q 기억이 잘 나지 않는 개념을 오래 기억하기 위해 어떤 방법을 쓰나요?

Q 스스로 동기를 유지하며 꾸준히 공부하기 위해 사용하는 방법은 무엇인가요?

답안

1) 핵심

2) 사례

3) 정리

A 저는 시험을 준비할 때 계획 세우기 → 이해하기 → 반복하기의 순서로 공부했습니다. 먼저 시험 범위가 나오면 하루 단위로 과목별 계획을 세웠습니다. 이렇게 하니 막연한 부담이 줄고, 집중력이 높아졌습니다.

다음으로는 단순히 암기하는 것이 아니라 내용을 이해하려고 노력했습니다. 예를 들어 과학 시험을 준비할 때는 교과서 속 글로 된 개념을 그림으로 정리한 후, 실제 생활 사례와 연결하면서 공부했습니다. 이렇게 하니 개념이 더 오래 기억에 남고, 문제 적용도 수월해졌습니다.

마지막으로는 반복 학습을 통해 기억을 다졌습니다. 특히 오답인 문제들을 위주로 다시 풀며 약점을 보완했습니다. 이 과정을 거치니 시험 직전에 모든 문제를 풀어야 한다는 압박감이 줄었습니다. 그 결과 시험 성적도 안정적으로 유지할 수 있었습니다.

이를 통해 저는 앞으로도 단순 암기가 아닌 체계적인 계획과 이해 중심 학습법을 활용하는 시험 공부를 통해 꾸준히 좋은 성적을 이어 가고 싶습니다.

Tip

이 질문은 학생이 시험 준비를 무계획·단기 암기형으로 준비하는지, 체계적·자기주도형으로 준비하는지 살펴보는 문제입니다. 따라서 답변을 단계적으로 나누어 설명하는 것이 중요합니다. 계획 세우기, 이해하기, 반복하기 같은 구조적 흐름을 보여주면 면접관은 학생이 체계적으로 공부한다는 인상을 받습니다. 또 오답 정리, 그림 정리, 생활 사례 연결처럼 구체적인 도구와 방법을 언급하면 답변이 생생해집니다. 마지막에는 이 학습법이 성적뿐 아니라 자기 관리 능력과 꾸준함을 길러주었다는 메시지를 덧붙이면 더 깊이 있는 답변이 됩니다.

비슷한 유형의 문제

Q 시험 기간에 집중력을 유지하기 위해 어떤 방법을 활용했나요?

Q 성적이 오르지 않았을 때, 어떻게 공부 방법을 바꾸었는지 말해 보세요.

Q 시험 직전의 하루를 어떻게 보내는 것이 효과적이라고 생각하나요?

답안
1) 핵심

2) 사례

3) 정리

A 제가 생각하는 법조인의 선한 영향력은 정의를 실현하고 사회적 약자를 보호하는 데 있다고 생각합니다.

먼저, 정의 실현에 대한 것입니다. 법조인은 사회의 규칙을 바탕으로 옳고 그름을 판단하고, 억울한 일이 생기지 않도록 하는 역할을 합니다. 이를 통해 사회가 공정하게 운영되고 구성원 간의 신뢰가 쌓일 수 있게 됩니다.

둘째는 사회적 약자 보호입니다. 법은 누구에게나 공평해야 하지만, 실제로는 정보 부족이나 경제적 여건 때문에 불리한 상황에 놓이는 사람들이 많습니다. 법조인이 이들의 목소리를 대변하고 권리를 지켜 줄 때 사회는 더 따뜻해질 수 있습니다.

저는 단순히 직업적 성공을 넘어, 모두가 공정하고 안전하게 살아갈 수 있는 사회를 만드는 데 기여할 수 있는 법조인이 되고 싶습니다.

Tip

이 질문은 직업관과 사회적 가치관을 동시에 확인하는 문제입니다. 단순히 법조인이 되고 싶다는 희망으로 끝내면 피상적으로 들리기 때문에, 반드시 사회적 영향력을 두 가지 이상으로 나누어 구체적으로 설명해야 설득력이 생깁니다. 정의 실현과 약자 보호처럼 큰 가치를 말한 뒤, 구체적인 사례나 상황을 덧붙이면 답변이 한층 살아납니다. 여기서 더 말하고 싶다고 두 가지를 초과하게 되면 좋은 인상을 남기기 어려우니 꼭 조건에 맞추어 두 가지만 말하는 것이 필요합니다.

마지막에는 직업적 성공을 넘어 사회적 기여로 이어진다는 메시지를 넣으면 좋습니다.

비슷한 유형의 문제

Q 의사가 사회에 기여할 수 있는 선한 영향력은 무엇이라고 생각하나요?

Q 과학자가 된다면 어떤 방식으로 인류에 이바지할 수 있을까요?

Q 교사가 사회 전체에 긍정적 변화를 줄 수 있는 방법은 무엇일까요?

답안

1) 핵심

2) 사례

3) 정리

A AI가 발전하면서 일부 직업이 위협받을 수 있다는 사실을 알고 있습니다. 그러나 저는 이를 두려워하기보다 새로운 기회로 받아들이고, 인간만이 할 수 있는 역량을 키우는 것이 중요하다고 생각합니다.

예를 들어 정보 전달은 AI가 대신할 수 있지만, 사람의 감정을 이해하고 상황에 맞게 조율하는 능력은 인간만이 할 수 있습니다. 그래서 저는 AI를 경쟁자가 아니라 동반자로 보고, AI가 제공하는 정보를 활용해 더 창의적이고 깊이 있는 판단을 내릴 수 있는 사람이 되고 싶습니다. 실제로 영어 공부를 할 때도 AI를 참고하되 그대로 받아들이지 않고, 제 말로 다시 정리하면서 학습한 경험이 있습니다.

이처럼 저는 AI의 발전을 수용하면서도 비판적 사고와 인간적인 소통 능력을 꾸준히 키워, 위협이 아닌 성장의 기회로 바꾸고자 합니다.

Tip

이 질문은 학생이 미래 사회의 변화 → 위협 인식 → 대응 전략을 얼마나 논리적으로 연결할 수 있는지를 확인합니다. 단순히 AI는 위협이 아니라고 말하면 근거가 부족해 보일 수 있으므로, 반드시 위협을 인정하는 부분을 먼저 짚고 넘어가야 설득력이 생깁니다. 또한 문제점을 인정해야만 그다음에 내가 할 수 있는 일을 쉽게 말할 수 있습니다. 즉, 그 뒤에 인간 고유의 역량(창의성, 공감 능력, 상황 판단력 등)을 강조하면서, 실제 경험을 간단히 덧붙이면 답변이 현실적이고 진정성 있게 들리게 되는 것입니다. 마지막에는 AI를 경쟁자가 아닌 동반자로 보는 태도로 정리하면 좋습니다.

비슷한 유형의 문제

Q 기후 변화로 인해 진로 계획이 영향을 받는다면 어떻게 대처할 것인가요?

Q 국제 정세 불안이 나의 꿈과 진로에 부정적인 영향을 미치게 될 때, 어떤 방식으로 준비하겠습니까?

Q 기술 혁신의 시대에도 변하지 않아야 하는 것들은 무엇인가요?

답안
1) 핵심

2) 사례

3) 정리

A 저는 국제 정세가 급격히 변해 제 진로가 예상과 달라지더라도, 변화를 위기보다 기회로 받아들이며 유연하게 대응하고 싶습니다.

저는 국제 전문가라는 꿈을 가지고 있는데, 국제 정세의 불안으로 이 분야가 위축될 수도 있다고 생각합니다. 만약 그럴 경우 저는 관련 지식을 다른 분야와 융합해 새로운 길을 찾아갈 것입니다. 실제로 코로나19 시기 많은 직업이 위협받았지만, 온라인 회의와 협력이 확산되면서 국제 교류의 방식이 새롭게 자리 잡았습니다. 이처럼 환경이 바뀌더라도 본질적인 목표는 변하지 않습니다. 저는 국제적 협력을 통해 사회에 기여하고 싶다는 근본적인 가치를 지켜나갈 것입니다.

결국 변화에 맞게 준비하며 꾸준히 배운다면, 위기를 오히려 성장의 계기로 만들 수 있다고 생각합니다.

Tip

이 질문은 예상치 못한 변화에 대한 적응력과 가치 중심의 사고를 평가하는 것입니다. 먼저 진로가 흔들릴 수 있다는 현실을 인정하면 답변을 안정적으로 시작할 수 있습니다. 더불어 이어질 문제를 말하기 편하고 설득력이 생깁니다. 다음으로는 환경이 달라져도 흔들리지 않을 본질적인 가치나 목표인 기여, 협력 등의 역량을 함께 엮어 대답하면 좋습니다. 아예 진로 분야를 바꾸는 쪽으로 답변을 한다면, 완벽하게 답변을 마무리하지 못할 가능성이 크기 때문에 진로의 큰 분야는 바꾸지 않는 것이 좋습니다. 마지막에는 변화를 새로운 기회로 전환하는 태도를 강조하면서, 실제로 겪었던 사회 변화 사례(코로나, 전쟁, 국제 갈등, 기술 혁신 등)를 덧붙이면 답변이 훨씬 구체적이고 진정성 있게 들립니다.

비슷한 유형의 문제

Q 선택한 전공 분야가 미래에 수요가 줄어든다면, 어떻게 하겠습니까?

Q 예상치 못한 사회 문제로 인해 진로 계획이 흔들린다면, 어떤 선택을 하겠습니까?

Q 꿈꾸던 직업이 기술 변화로 크게 달라진다면, 그 변화에 어떻게 적응하겠습니까?

답안

1) 핵심

2) 사례

3) 정리

A 저는 과학 기술이 아무리 발전하더라도 인간만이 가진 공감 능력과 가치 판단 능력이 사회에 반드시 필요하다고 생각합니다.

인공지능은 데이터를 분석하고 효율적인 결과를 내는 데 뛰어나지만, 사람의 감정을 이해하고 윤리적인 결정을 내리는 데는 한계가 있습니다. 예를 들어 법조인이나 교사와 같은 직업은 단순히 지식을 전달하는 것이 아니라, 상황에 맞게 조언하고 상대의 마음을 헤아리며 상황을 판단해 나가는 일련의 과정을 거치는 고차원적인 역할을 합니다. 저 역시 심리상담가가 되기 위해 지금부터 상대방을 존중하고 공감하는 태도를 기르고자 노력하고 있습니다. 이 능력이야말로 기술이 대체할 수 없는 인간 고유의 역량이라고 생각합니다.

앞으로 저는 AI를 유용한 도구로 활용하면서도, 인간적인 소통과 책임 있는 판단을 통해 사회에 기여할 수 있는 사람이 되고 싶습니다.

Tip

이 질문에 대해서는 단순히 AI가 무섭다는 태도를 보이기보다는 기술과 인간의 역할을 구분하고 자신의 강점을 미래 가치와 연결하는 능력을 보이는 것이 더 좋은 답변이 됩니다. 먼저 기술의 좋은 부분을 짚어 주는 것이 답변하는 데 더 좋습니다. 그다음에 인간이 가진 고유한 능력(공감, 윤리적 판단, 창의성, 협업 능력 등)을 제시하고, 그것을 본인의 경험이나 진로와 연결하세요. 이렇게 하면 그저 이상을 말하는 것이 아니라 구체적인 역량을 보일 수 있습니다. 마지막에는 기술과 인간은 경쟁이 아니라 보완 관계라는 메시지를 담으면 안정적인 답변이 됩니다.

비슷한 유형의 문제

Q 인공지능이 교육 현장에서 활용될 때, 교사의 역할은 무엇인가요?

Q 로봇이 의료 현장에서 환자를 돌볼 수 있다면, 인간 의사가 맡아야 할 고유한 역할은 무엇일까요?

Q 빅데이터가 사회 문제를 분석한다 해도, 인간이 반드시 개입해야 하는 이유는 무엇이라고 생각합니까?

답안

1) 핵심

2) 사례

3) 정리

A 경제 불평등이 쉽게 해결되지 않는다면, 저는 제 진로 안에서 사회적 약자를
배려하는 역할을 하고 싶습니다.

저는 법조인이 되고 싶은 꿈을 갖고 있습니다. 만약 제가 법조인이 된다면, 경
제적 여건이 부족해 법의 도움을 받기 어려운 사람들에게 무료 상담이나 공익
변호 활동을 제공하고 싶습니다. 저는 단순히 저 혼자만의 성공에서 그치지 않
고 사회적으로 제 역량이 필요한 분들께 도움을 드리는 사람이 되고 싶습니다.
중학교 2학년 여름 방학 때 개인적으로 도시락 나눔 봉사활동을 했던 적이 있
습니다. 방학 때에만 짧게 했던 봉사활동이었지만, 소외된 이웃을 도우며 작은
관심이 큰 힘이 될 수 있다는 것을 느꼈습니다.

제가 앞으로 법조인이 된다면 사회적 약자를 돕고, 더욱 따뜻한 사회로 발전하
는 데에 도움이 되고 싶습니다.

Tip

이 질문은 학생이 직업적 성공을 개인의 목표에만 두는지, 아니면 사회 전체의 책임과 가치까지 고려
하는지를 평가합니다. 답변할 때는 먼저 희망하는 진로를 구체적으로 언급한 후, 그 직업이 사회적 불
평등과 연결될 수 있는 역할을 설명하는 것이 핵심입니다. 단순히 도와주겠다는 말은 추상적이므로,
구체적인 실천 방식을 넣으면 답변이 살아납니다. 또한 '개인의 성취 → 사회적 기여 → 공동체 발전'의
흐름으로 정리하면 논리적인 구조가 만들어집니다. 마지막에는 개인의 꿈이 사회적 책임과 연결된다
는 의미를 전달하면 성숙한 인상을 줄 수 있습니다.

비슷한 유형의 문제

Q 내가 가진 재능을 활용해 사회적 약자를 돕는다면 어떤 방법이 있을까요?

Q 미래 직업에서 단순히 개인적 성공을 넘어, 사회 전체에 기여할 수 있는
길은 무엇이라고 생각하나요?

Q 교육이나 의료처럼 누구에게나 필요한 자원을 제공하기 위해 우리 사회
가 어떤 노력을 할 수 있을까요?

답안

1) 핵심

2) 사례

3) 정리

A 저는 시험에서 원하는 성적을 얻지 못했을 때 단순히 실망하거나 자책하는 대신, 제 학습 방법을 점검하는 시간을 가졌습니다.

먼저 틀린 문제를 오답노트에 정리해, 단순히 답을 외우는 것이 아니라 왜 틀렸는지 원인을 찾았습니다. 예를 들어 과학 시험에서 계산 문제를 틀렸을 때가 있었습니다. 이때 제가 틀린 이유는 개념은 이해했지만 계산을 서둘렀던 것이 문제였습니다. 그래서 이후에는 계산할 때 차분하게 풀고 한 번 더 반복해 풀며 계산 과정을 점검하는 공부 방법을 활용했습니다.

그 경험 이후 저는 '시험 공부 → 결과 점검 → 방법 보완'의 과정을 습관화했고, 다음 시험에서 훨씬 안정적인 성적을 얻을 수 있었습니다. 앞으로도 성적을 단순한 결과로만 보지 않고, 학습 방법을 발전시키는 기회로 삼고 싶습니다.

Tip

이 질문은 학생이 실패를 대하는 태도와 문제 해결 과정을 보려는 것입니다. 단순히 오답을 정리했다고만 말하면 흔해 보일 수 있습니다. 따라서 '실패 경험 → 원인 분석 → 보완 방법 → 성과 → 앞으로의 태도'라는 공부를 위한 흐름을 제시하면 답변이 안정적이고 성숙해집니다. 특히 원인 분석에서 단순히 연습 부족을 넘어서 시험 직전 암기 위주 학습의 한계, 개념 이해 부족 같은 학습 태도 변화까지 언급하면 답변이 더 깊어집니다. 마지막에는 실패 경험이 단순한 좌절이 아니라 다음 성장을 위한 발판이었다는 메시지로 정리하세요.

비슷한 유형의 문제

Q 과제나 프로젝트에서 원하는 결과를 얻지 못했을 때, 어떻게 극복했나요?

Q 실패를 경험했을 때, 그 과정을 통해 무엇을 배웠나요?

Q 스스로 세운 목표를 달성하지 못한 경험이 있다면, 그 경험을 어떻게 보완해 다시 도전했는지 말해 보세요.

**문제 18. 여러 과목을 동시에 준비하고 공부해야 할 때,
시간과 학습 방법을 어떻게 관리했는지 설명하세요.**

답안

1) 핵심

2) 사례

3) 정리

A 저는 중간·기말고사처럼 여러 과목을 동시에 준비해야 할 때, 계획적인 시간 관리를 가장 중요하게 생각했습니다. 시험 범위가 나오면 과목별 난이도와 제약점을 기준으로 우선순위를 정했습니다.

예를 들어 암기 과목은 매일 조금씩 나누어 반복했고, 수학과 과학처럼 개념 이해와 문제 풀이가 필요한 과목은 반나절 정도로 긴 시간을 할애해 배치했습니다. 또 하루 공부 계획을 세울 때는 과목을 섞어 집중력을 유지했습니다. 실제로 국어와 영어를 연달아 공부하면 지루했지만, 국어 뒤에 수학 문제를 풀면 집중이 잘 되었습니다. 마지막에는 하루를 마무리하면서 계획 대비 달성도를 확인하고 부족한 부분을 주말에 보완했습니다.

이런 방식으로 공부하니 과목 간 공부 양의 균형을 유지할 수 있었고, 전체적으로 안정적인 성과를 얻을 수 있었습니다.

Tip

11번 문제와도 비슷한 이 질문은 학생이 여러 과목을 병행할 때의 전략과 자기 조절 능력을 평가하려는 것입니다. 단순히 '계획을 세웠다'라고 말하면 추상적으로 들릴 수 있으니, 과목의 특성에 맞게 차별화된 관리 방식을 구체적으로 제시하는 것이 핵심입니다. 예를 들어 암기 과목은 매일 분산 학습, 이해 중심 과목은 긴 학습 시간 배정, 집중력 유지를 위한 과목 교차 학습 등으로 구조를 나누면 설득력이 커집니다. 또 계획 후 점검·보완 과정을 덧붙이면 자기 관리 능력이 돋보입니다. 마지막에는 이러한 습관이 고등학교 이후에도 꾸준히 활용될 수 있다는 다짐으로 연결하면 답변이 한층 성숙해집니다.

비슷한 유형의 문제

Q 시험 기간 동안 집중력을 유지했던 자신만의 방법을 말해 보세요.

Q 동아리 활동과 학업을 병행해야 했을 때, 어떻게 시간 관리를 했나요?

Q 중요한 일정이 겹쳤을 때 우선순위를 정하고 조율한 경험에 대해 소개해 보세요.

답안
1) 핵심

2) 사례

3) 정리

A 저는 학교 축제의 참여율이 낮아진다면, 학생들의 관심과 참여 동기를 높이는 방향으로 개선하겠습니다.

먼저 학생들의 의견을 조사하고 기존의 축제 형식을 분석해 보겠습니다. 또한 단순히 공연을 관람하는 행사에서 벗어나, 학생들이 직접 참여할 수 있는 체험 부스나 팀별 경연을 늘리면 참여도가 높아질 것이라고 생각합니다. 또 행사 준비 과정에서도 학생들이 역할을 나누어 맡도록 하면 책임감과 주인의식이 커져 많은 학생들이 축제에 참여하게 됩니다. 저희 중학교에서는 작년부터 모든 학생들이 축제에 필요한 역할들을 1인 1역처럼 나누어 맡고 있습니다. 그 결과 축제에 대해 많은 학생들이 참여하고 애착을 갖게 되었습니다.

이처럼 준비와 실행 단계에서 학생 참여를 확대하고, 다양한 프로그램으로 흥미를 높인다면 축제는 더 활기차고 의미 있는 행사로 발전할 수 있다고 생각합니다.

Tip

이 질문은 단순히 축제 아이디어를 묻는 것이 아니라, 참여율 저하라는 문제를 어떻게 진단하고 해결책을 제시하는지를 평가하려는 것입니다. 따라서 먼저 문제 원인을 짧게 짚어 주고, 그 원인을 해결할 수 있는 구체적인 방안을 제시하는 구조가 설득력을 줍니다. '관람형 프로그램의 한계 → 참여형 프로그램 확대', '준비 과정의 소극적 참여 → 주도적 역할 부여'처럼 대응이 분명히 연결되면 답변이 논리적으로 들립니다. 또한 과거 경험을 활용해 실현 가능성을 보여주면 더욱 신뢰감을 줄 수 있습니다. 마지막에는 단순히 재미가 아니라 학생 주도성 강화 같은 가치적 메시지로 정리하면 답변이 완성됩니다.

비슷한 유형의 문제

Q 학교 동아리 활동의 참여율을 높이기 위한 효과적 방법을 말해 보세요.

Q 학급 회의에서 학생들의 의견이 잘 나오지 않을 때, 어떻게 분위기를 개선할 수 있을지 설명하세요.

Q 학교 독서 프로그램 참여가 저조하다면, 어떤 방식으로 더 많은 학생들이 참여하도록 만들 수 있을까요?

답안

1) 핵심

2) 사례

3) 정리

A 제가 새로운 학교 행사를 기획한다면, 단순히 즐겁게 즐기는 축제가 아니라 교육과 연계된 체험형 행사를 만들고 싶습니다.

예를 들어 '면접 박람회'를 열어 학생들이 면접 과정을 경험할 수 있도록 하겠습니다. 각 부스에서는 모의 면접, 간단한 코칭 등으로 구성해 진로 역량에 도움을 줄 수 있도록 하겠습니다. 또한 도움을 주실 수 있는 지역 사회 전문가나 졸업생을 초청해 학생들이 현실감 있게 자신의 미래를 생각해보는 계기를 마련하고 싶습니다. 저 역시도 직업 체험 활동을 통해 책으로만 알던 직업 세계를 가까이 느끼며 큰 깨달음을 얻었던 경험이 있습니다. 이때의 경험이 제 진로 선택에도 영향을 주었기에 이런 행사를 기획해 보고 싶습니다.

이처럼 교육적 의미가 담긴 행사를 통해 학생들은 즐거움과 배움 두 가지를 동시에 얻을 수 있을 것입니다.

Tip

이 질문은 단순한 아이디어 제시가 아니라 창의성, 실현 가능성, 교육적 가치를 모두 고려하는지를 확인합니다. 답변할 때는 먼저 행사의 목적을 분명히 밝히고, 구체적인 프로그램을 제안하며, 그 행사가 학생들에게 어떤 배움과 변화를 줄 수 있는지 정리하는 것이 핵심입니다. 또한 개인 경험을 연결하면 설득력이 커집니다. 사실 엄청난 방법을 제안하라는 것이 아닙니다. 학생이 이런 행사들을 생각해보고 기획하는 역량이 있는지를 살피는 문제라고 생각하면 좋습니다. 그렇기에 단순히 재미있는 이벤트가 아니라, 학생들의 성장과 학교 공동체 발전에 기여할 수 있는 장치임을 강조해야 합니다. 마지막에는 즐거움과 배움이 동시에 이루어진다는 메시지로 균형 있게 마무리하면 답변이 깊어집니다.

비슷한 유형의 문제

Q 학생들이 교과 학습을 재미있게 하도록 돕는 프로그램을 제안해 보세요.

Q 학교 봉사활동을 교육적 경험으로 발전시킬 방안을 제안해 보세요.

Q 독서 활동을 축제 형식으로 바꾼다면, 학생들이 더 적극적으로 참여할 수 있는 프로그램에는 어떤 것이 있을까요?

3장 | 마무리 완성: 실전 종합 점검하기

이제 실전처럼 최종 점검을 해 봅시다.

이제는 단순히 답안을 외우는 연습으로 끝내지 말고, 항상 실제 면접장에 앉아 있는 것처럼 연습하는 습관을 들이는 것이 중요합니다.

답변할 때에도 책상에 편하게 기대어서 대답하는 태도가 아니라, 바른 자세를 유지하고 면접관이 바로 앞에 있다고 가정하면서 말해야 긴장 속에서도 자연스럽게 표현할 수 있습니다. 실제 상황을 최대한 재현하는 습관을 들이면, 면접 당일에도 당황하지 않고 평소처럼 차분하게 답변할 수 있습니다.

또한 반드시 녹화를 통해 자신의 모습을 살펴보는 것이 중요합니다. 눈동자를 심하게 움직이는 습관이 있거나, 나도 모르게 자꾸 얼굴을 만지는 습관이 있을 수 있습니다. 어렵지 않은 질문에서는 좋은 태도를 보이다가, 조금만 준비되지 않은 질문이 나오면 태도가 급하게 변하는 모습도 보일 수 있습니다. 녹화를 통해 이런 것들을 꼼꼼하게 살펴볼 수 있습니다.

물론 녹화만으로도 부족할 수 있습니다. 그렇기에 용기를 가지고 가족이나 친구들 앞에서 직접 말해 보는 연습도 필요합니다. 부끄러울 수 있지만 다른 사람 앞에서 느끼는 긴장감이 실제 면접과 가장 비슷하다는 것을 기억해 주세요. 이 과정을 통해 시선 처리, 표정, 목소리 크기 등을 자연스럽게 조정할 수 있고, 때로는 주변에서 주는 피드백을 통해 큰 도움을 받을 수 있습니다.

마지막으로 답안을 작성해 두고 그대로 읽는 방식에 의존하지 말고, 핵심 구조만 머릿속에 간단히 정리한 뒤 바로 말하는 연습을 여러 번 해 보세요. 답안을 종이에 써 놓고 답변을 하면 안정감은 있을 수 있지만, 실제 면접에서는 예상치 못한 질문이 나오거나 미리 준비했던 내용이 생각나지 않을 수도 있습니다. 따라서 핵심 구조만 기억하고 즉석에서 말하는 훈련을 반복해야 어떤 질문에도 유연하게 대응할 수 있습니다.

즉, 면접처럼 임하기, 녹화하기, 청중 앞 연습하기, 즉석 답변하기 네 가지를 꾸준히 훈련해 주세요. 그러면 면접장에서 당황하지 않고 자신감 있게 답할 수 있는 힘을 최대한 기를 수 있습니다.

이제 면접 준비의 마지막을 함께 정리해 볼까요?

답안
1) 핵심

2) 사례

3) 정리

A 저를 표현할 수 있는 색깔은 갈색입니다. 갈색은 차분함과 성실함을 상징한다고 생각합니다. 저는 어떤 일이든 실행하기 전에 계획을 세우고 차분하게 꾸준히 실천하는 성격을 가지고 있습니다.

예를 들어, 시험 기간에도 단기간 벼락치기를 하기보다는 하루하루 공부 계획을 세워 조금씩 실천했습니다. 그 결과 성적 향상뿐만 아니라 꾸준히 노력하는 습관을 기를 수 있었습니다.

또 갈색은 신뢰를 주는 색이라고도 합니다. 저는 친구들이 어려운 일이 있을 때 먼저 들어주고 함께 해결하려는 태도를 보인 적이 많아 친구들에게 신뢰를 얻은 경험이 있습니다.

이처럼 갈색은 저의 꾸준함과 성실함, 그리고 신뢰감이라는 성격을 나타내는 색깔이라고 생각합니다.

Tip

이 질문은 학생이 자신을 얼마나 잘 이해하고 표현할 수 있는지 확인하려는 것입니다. 색깔을 정할 때는 자신의 성격 및 삶의 태도와 연결하세요. 단순히 좋아하는 색을 말하는 것이 아니라 이 색이 나의 성격과 태도를 상징한다는 것으로 풀어 내야 답변의 설득력이 있습니다. 마지막에는 색깔의 상징성과 자신의 미래 태도를 연결하면 풍부한 답변이 됩니다.

비슷한 유형의 문제

Q 나를 하나의 날씨로 표현한다면 어떤 날씨일까요?

Q 나를 나타내는 하나의 물건을 고른다면 무엇인가요?

Q 나를 하나의 도형으로 표현한다면 어떤 도형일까요?

답안
1) 핵심

2) 사례

3) 정리

A 제가 가장 성취감을 느꼈던 순간은 학교 수학 퀴즈 대회를 준비했을 때입니다. 처음에는 이전 기출 문제의 난이도가 높아 포기하고 싶은 마음도 들었습니다. 하지만 매일 일정 시간을 정해 꾸준히 문제를 풀고, 틀린 문제는 오답노트를 만들어 다시 풀었습니다. 대회에서 결과적으로는 원했던 것보다는 조금 아쉬운 상을 받았지만, 이전보다 훨씬 어려운 문제들을 풀 수 있게 되었을 때 큰 성취감을 느꼈습니다.

결과보다 과정에서의 꾸준한 노력이 저에게 자신감을 주었고, 무엇이든 노력하면 할 수 있다는 믿음을 갖게 되었습니다. 이 경험은 이후 다른 과목 공부나 생활에서도 도전 정신을 키우는 계기가 되었습니다.

Tip

이 질문은 학생이 성취를 결과 중심으로만 보는지, 아니면 과정 속에서도 의미를 찾는지를 평가합니다. 따라서 단순히 상을 받았다고만 말하면 부족합니다. 준비 과정에서 어떤 어려움이 있었는지, 그것을 극복하기 위해 무엇을 했는지를 구체적으로 언급해야 합니다. '실패 → 시도 → 성취'의 흐름이 들어가야 답변이 자연스럽고 설득력 있게 들립니다.

사례는 공부, 대회, 동아리 등 어떤 활동이든 상관없지만, 과정에서의 변화와 배움이 드러나야 합니다. 마지막에는 이 경험이 이후 태도에 어떤 영향을 주었는지를 정리하면 완성도가 올라갑니다. 즉, 단순한 성취 경험이 아니라, 그 경험을 통해 내가 어떤 사람으로 성장했는지를 보여 주는 것이 핵심입니다.

비슷한 유형의 문제

Q 가장 도전적이었다고 생각하는 경험은 무엇인가요?

Q 실패를 겪었지만 그 과정을 통해 배움이 컸던 경험은 무엇인가요?

Q 학교 생활을 하면서 가장 보람을 느낀 순간은 언제였나요?

답안

1) 핵심

2) 사례

3) 정리

A 제가 가진 강점 중 아직 충분히 활용하지 못한 부분은 창의적 아이디어를 내는 능력이라고 생각합니다.

저는 토론이나 프로젝트 수업에서 새로운 아이디어를 자주 떠올리지만, 때로는 그것을 끝까지 실행으로 옮기지 못한 경우가 많았습니다. 앞으로는 아이디어를 단순히 제안하는 데서 멈추지 않고, 실제로 적용할 수 있도록 계획을 세워 실행하는 연습을 하고 싶습니다.

예를 들어 동아리 활동에서 '월 2회 플로깅과 환경 캠페인'이라는 새로운 활동을 제안했다면, 제안으로만 끝나는 것이 아니라 구체적인 계획표를 만들어 동아리 친구들과 함께 실행하는 방식입니다. 이렇게 한다면 단순한 생각에서 그치지 않고, 실질적인 결과로 이어져 더 큰 장점으로 발전할 수 있을 것입니다.

Tip

강점을 자랑하는 데서 멈추지 말고, 아직 부족한 점과 보완책을 솔직하게 제시하는 태도가 중요합니다. 답변 구조는 '강점 제시 → 활용 부족 사례 → 보완 방법 → 발전 계획'으로 정리하면 깔끔합니다. 실행 계획을 단순히 말로만 하지 말고, 실제 적용 사례 하나를 넣으면 설득력이 크게 높아집니다.

또한 이 질문은 자기 성찰을 할 수 있는 학생인지를 평가하는 의도도 있습니다. 따라서 강점을 자랑하는 느낌보다, 강점을 더 잘 활용하기 위해 발전하고 있다는 자세로 말해야 합니다. 마지막에는 그 강점이 미래의 학교 생활에서 어떤 도움이 될지 연결해 주면 답변의 완성도가 올라갑니다.

비슷한 유형의 문제

Q 나의 단점 중 극복하려고 노력한 경험은 무엇인가요?

Q 내가 가진 강점 중 친구들이 잘 모르는 부분은 무엇인가요?

Q 앞으로 더 발전시키고 싶은 나의 능력은 무엇인가요?

답안

1) 핵심

2) 사례

3) 정리

A 제가 가장 책임감을 느꼈던 경험은 2학년 2학기 학급 회장을 맡았을 때입니다. 저희 중학교에서는 2학기 때마다 모든 학급을 꾸미고 몇 가지의 부스를 운영하는 행사를 진행하고 있습니다. 저는 반 친구들의 의견을 모아 선생님께 전달하고, 학급 행사를 준비하는 역할을 맡았습니다. 그러나 준비하는 일은 쉽지 않았습니다. 특히 친구들의 참여율이 낮아지자, 팀을 나누어 역할을 분담하고 주차별 목표를 재설정했습니다. 행사 준비에 직접 참여하지 못하는 친구들은 온라인으로 함께 자료를 만들어 학급 행사에 참여하도록 지원했습니다. 또 익명 설문으로 불편사항을 수집해 행사 운영을 개선했습니다. 결국 공평하게 참여한다는 느낌을 받아서인지 반 분위기가 좋아지고 행사가 성공적으로 끝났습니다.

이 경험을 통해 책임은 몇몇만 일하도록 하는 것이 아니라 모두가 함께 움직일 수 있는 구조를 구성하는 것임을 배웠습니다.

Tip

이 질문은 학생이 '책임감'을 단순히 맡은 일을 끝까지 수행하는 태도로만 이해하는지, 아니면 다른 사람들과 협력하며 더 넓은 차원에서 바라보는지를 확인하는 문제입니다. 답변할 때는 먼저 맡은 역할을 분명히 밝히고, 그 안에서 마주한 어려움을 구체적으로 설명하는 것이 좋습니다. 이후 '문제 → 조치 → 변화'의 순서로 풀어 가면 논리적이고 설득력이 있습니다.

마지막에는 책임이란 단순히 끝까지 해내는 힘만이 아니라, 다른 사람을 움직이게 하는 힘이라는 깨달음을 정리하면 답변의 깊이가 한층 올라갑니다. 또, 이런 경험이 이후 다른 활동에서 어떤 태도로 이어졌는지를 한두 문장 덧붙이면 답변의 완성도가 더욱 높아집니다.

비슷한 유형의 문제

Q 학급이나 동아리에서 맡은 역할 중 가장 어려웠던 경험은 무엇인가요?

Q 친구들과 협력해 문제를 해결한 경험을 말해 보세요.

Q 다른 사람들에게 본보기가 되었다고 생각하는 순간은 언제였나요?

답안

1) 핵심

2) 사례

3) 정리

A 저의 차별화된 장점은 꾸준함을 체계적으로 실천하는 습관입니다.

저는 목표를 작게 나누고, 점검 도구를 사용해 습관을 이어 가고 있습니다. 예를 들어, 영어 단어 학습을 벼락치기하지 않고 하루 10개씩 누적하는 방식을 적용하고 있습니다. 또 체크리스트를 만들어 빈칸을 채워 가며 매일 공부한 양에 대해 달성도를 확인하고 있으며, 과학 문제 풀이도 오답을 유형별로 색 표시해 반복 실수를 줄여 나가고 있습니다.

이러한 방식은 시간이 지날수록 큰 변화를 만들어 냈습니다. 꾸준함을 체계적으로 관리하는 점이 저의 강점이라고 생각합니다.

Tip

'차별화된 장점'을 묻는 질문은 흔히 학생들이 성실함, 책임감 같은 뻔한 단어만 반복하는 경우가 많습니다. 하지만 면접관은 같은 단어 속에서도 학생이 얼마나 구체적이고 자신만의 방식으로 풀어내는지를 보고 싶어 합니다. 따라서 답변할 때는 '꾸준함' 같은 흔한 키워드라도 반드시 본인만의 시스템, 도구, 방식으로 설명해야 설득력이 있습니다. 체크리스트, 색 표시, 일정표 같은 디테일이 들어가면 답변이 훨씬 구체적으로 들립니다.

또한 꾸준함 → 구체적 사례 → 결과 변화의 흐름을 강조하면, 단순한 자기 칭찬이 아니라 실제 행동으로 증명된 강점처럼 들립니다. 마지막에는 이 장점을 앞으로 어떻게 발전시킬지, 예를 들어 고등학교 이후 학습이나 진로 활동에 어떻게 적용할지 연결하면 답변의 완성도가 더 높아집니다. 즉, 차별화된 장점은 단순한 특징이 아니라, 내가 선택하고 발전시켜 온 '습관의 방식'임을 보여주는 것이 중요합니다.

비슷한 유형의 문제

Q 나만의 공부 방법이나 습관 중 다른 친구들과 차별화되는 점은?

Q 사회에 도움이 될 수 있는 나의 특별한 강점이나 장점은 무엇인가요?

Q 다른 사람들과 협력할 때 내가 기여할 수 있는 독창적인 부분은?

답안

1) 핵심

2) 사례

3) 정리

A 저는 학업을 기본으로 하면서 비교과 활동도 꾸준히 병행하고 싶습니다. 수업 시간에 집중하고 당일 복습을 통해 학업의 기반을 다질 계획입니다. 동시에 비교과 활동은 진로와 연관성이 있는 분야를 중심으로 선택하겠습니다.

예를 들어, 과학 동아리에 참여해 실험과 탐구를 이어가고, 봉사활동을 통해 책임감을 키우고 싶습니다. 활동을 무작정 늘리기보다 핵심 분야 두세 개에 집중해 깊이 있는 경험을 쌓겠습니다. 또 분기마다 교과 활동과 비교과 활동의 균형을 점검하며 조율해 나가고 싶습니다.

이렇게 꾸준한 병행을 통해 내실 있는 고등학교 생활을 완성해 나가고자 합니다.

Tip

이 질문은 단순히 공부를 열심히 하겠다는 당연한 답을 넘어서, 학생이 시간 관리와 자기 조절 능력을 어떻게 보여 줄 수 있는지를 확인하는 문제입니다. 따라서 학업과 비교과를 대립 구도로 말하지 말고, 서로 보완적인 관계로 설명해야 합니다. 특히 활동을 무작정 많이 나열하면 오히려 산만해 보이므로, 핵심 활동을 한두 개 정도로 정해 집중과 깊이를 보여 주는 전략이 중요합니다.

마지막에는 이러한 균형이 단순히 성과 관리 차원이 아니라, 자신의 성장을 위한 기반이라는 점을 강조하면 답변의 깊이가 올라갑니다. 예를 들어 '학업은 지식의 토대를, 비교과는 경험과 인성을 길러 주는 역할을 한다. 두 가지가 만나야 온전한 성장이 가능하다'는 식으로 마무리하면 설득력이 훨씬 강해질 수 있습니다.

비슷한 유형의 문제

Q 고등학교 생활에서 시간 관리를 어떻게 계획하고 있나요?

Q 학업 외 활동이 학업에 어떤 긍정적인 영향을 줄 수 있다고 생각하나요?

Q 여러 활동 중 우선순위를 정해야 한다면, 어떤 기준으로 결정하겠습니까?

답안

1) 핵심

2) 사례

3) 정리

A 새로운 교과목을 접하면 먼저 전체적인 흐름을 파악합니다. 목차와 핵심 개념을 정리하고, 기본 예제를 통해 기초를 다집니다. 모르는 부분은 질문 목록을 만들어 수업 시간이나 친구에게 묻습니다.

예를 들어, 중학교에서 처음 물리를 배울 때 개념이 어려웠지만 실험 영상을 찾아보고 선생님께 질문하면서 이해했습니다. 이후에는 짧은 발표 형식으로 스스로에게 설명하며 개념을 정리했습니다. 그 후 문제를 풀어보니 훨씬 이해가 잘 되고 자신감이 생기는 것을 알게 되었습니다.

이렇게 호기심과 질문을 중심으로 학습하다 보니 낯선 과목에서도 두려움보다 자신감이 커졌습니다. 이런 태도가 고등학교 학습에도 도움이 될 것으로 생각합니다.

Tip

이 질문은 학생의 학습 태도와 문제 해결 방식을 평가하는 문제입니다. 단순히 최선을 다하겠다거나 열심히 하겠다고만 답하면 부족합니다. 새로운 교과목에 접근할 때 자신만의 루틴이나 전략을 구체적으로 보여 주어야 합니다. 예를 들어 전체 개관 → 질문 정리 → 자료 탐색 → 자기 설명 같은 구조적 접근을 제시하면 체계적인 학생이라는 인상을 줄 수 있습니다.

또한 실제 경험을 곁들여 말하면 답변에 진정성이 생깁니다. 마지막에는 이런 태도가 단순히 공부에만 필요한 것이 아니라, 낯선 환경이나 새로운 도전을 받아들이는 태도와 연결된다는 점까지 언급하면 답변이 더 풍부해집니다. 즉, 학습 태도를 넘어 삶의 태도까지 보여주는 기회로 삼는 것이 좋습니다.

비슷한 유형의 문제

Q 새로운 학습 방법을 시도했을 때 어떤 점이 도움이 되었나요?

Q 처음에는 잘 몰랐지만 꾸준히 노력해서 이해하게 된 경험이 있나요?

Q 어려운 개념을 다른 친구에게 설명해야 한다면, 어떻게 설명하겠습니까?

답안
1) 핵심

2) 사례

3) 정리

A 제가 관심을 갖는 환경 문제는 플라스틱 쓰레기 문제입니다.

저는 작년에 바다에 떠 있는 플라스틱으로 해양 생물이 고통 받는 장면을 보고 큰 충격을 받았습니다. 특히 제가 좋아하는 거북이가 플라스틱 빨대에 꽂혀 고통을 받는 모습을 보면서, 자연을 위한 작은 실천을 계속 해야겠다고 다짐했습니다.

학생으로서 할 수 있는 여러 가지 실천은 작지만 의미가 있습니다. 개인 텀블러와 장바구니 사용, 철저한 분리수거, 학교 캠페인 참여 등이 있습니다. 친구들과 함께 쓰레기 줄이기 활동을 진행하면 더 효과적일 것입니다. 아직 학생이기 때문에 정책적인 변화를 이끌기는 어렵지만, 작은 습관들이 모이면 큰 변화를 만들 수 있다는 점에서 책임감을 느끼고 있습니다.

앞으로 ○○ 고등학교에 입학하게 된다면 환경 동아리에 들어가 환경에 도움이 되는 환경 인식 개선 캠페인 및 동아리 친구들과 함께 하는 정기적 플로깅 등 실천 가능한 여러 가지 활동을 진행해 보고 싶습니다.

Tip

이 질문은 사회적 이슈에 대한 학생의 관심도와 실천 의지를 평가합니다. 답변할 때는 지나치게 큰 해결책을 제시하기보다는, 학생 신분에서 실천 가능한 구체적 방법을 강조하는 것이 중요합니다. 텀블러, 장바구니, 분리수거 같은 생활 습관은 작지만 현실적이기 때문에 진정성 있게 들립니다.

답변 구조는 '문제 제시 → 개인 실천 → 공동 실천 → 깨달음'으로 하면 균형이 맞습니다. 마지막에는 작은 실천이 쌓이면 큰 변화가 된다는 메시지를 넣어야 설득력이 높아집니다. 여기에 한 걸음 더 나아가, 이 경험이 나의 진로·학교 활동과도 연결될 수 있다는 점을 덧붙이면 적극적인 태도를 가진 학생으로 보이게 됩니다.

비슷한 유형의 문제

Q 최근 뉴스에서 본 사회 문제 중 가장 관심 있는 주제는 무엇입니까?

Q 지역 사회에서 해결해야 한다고 생각하는 문제와, 학생으로서 기여할 수 있는 방법은 무엇인가요?

Q 기후 변화와 관련해 학생이 실천할 수 있는 노력에는 어떤 것들이 있나요?

답안

1) 핵심

2) 사례

3) 정리

A 협업 과정에서 갈등이 생기면 저는 대화를 통한 조율을 중요하게 생각합니다. 과학 탐구 프로젝트에서 팀원들과 실험 방법을 두고 의견이 갈린 적이 있었습니다. 저는 양쪽의 장단점을 팀원 모두가 볼 수 있도록 간단히 시각적으로 정리해 제시했고, 팀원들과 가장 적합한 방법을 논의했습니다. 함께 장단점을 살피니 합의할 수 있는 부분이 많았고, 장점 위주로 의견을 모을 수 있었습니다. 그 결과 서로 합의된 방식으로 실험을 진행할 수 있었고, 팀 분위기 또한 처음보다 훨씬 좋아졌습니다. 실험 결과 역시 성공적이었습니다. 이 경험을 통해 갈등은 피하는 것이 아니라 서로의 의견을 듣고 대화로 해결할 때 더 좋은 결과를 얻을 수 있다는 것을 배웠습니다. 저는 앞으로도 사회에서 이와 같은 방식으로 협업에 임하고 싶습니다.

Tip

이 질문은 학생이 협업을 단순히 갈등이 있다는 상황으로만 바라보는지, 아니면 갈등을 어떻게 풀어내는지까지 고민했는지를 확인하려는 문제입니다. 답변할 때는 먼저 구체적인 갈등 상황을 제시해야 현실감이 있습니다. 그다음 어떤 방식으로 중재했는지를 설명해야 설득력이 생깁니다.

답변의 흐름은 갈등 상황 → 해결 과정 → 결과와 배움 순으로 정리하면 명확합니다. 보통 이러한 문제는 이런 식으로 대답하는 것이 일반적입니다. 또 단순히 합의했다는 말로 끝내지 말고, 팀 분위기가 개선되었다거나 성과가 향상되었다는 결과를 덧붙이면 답변이 완성도 있게 들립니다. 혹여 실제로는 갈등이 해결되지 않았더라도, 갈등을 더 증폭시켰다는 말은 하지 않는 것이 좋습니다. 면접관이 뽑고 싶은 인재는 트러블메이커보다는 소통을 잘하는 학생들일 가능성이 크지요. 마지막에는 이러한 경험을 앞으로의 협업에도 적용하고 싶다는 포부까지 연결하면 좋습니다.

비슷한 유형의 문제

Q 협업 과정에서 본인 의견이 받아들여지지 않았을 때 어떻게 했나요?

Q 친구나 동아리 활동 중 역할 분담이 불공평하다고 느낀 적이 있나요?

Q 공동 프로젝트에서 책임감을 다하기 위해 어떤 노력을 했나요?

답안

1) 핵심

2) 사례

3) 정리

A 저는 글쓰기와 발표 능력을 강점으로 가지고 있습니다. 그렇기 때문에 글로 생각을 정리하고 사람들 앞에서 표현하는 것을 좋아합니다.

저는 제가 좋아하는 글쓰기 활동을 활용해 중학교 때 교내 홈페이지 제작 시 홈페이지 활용 방법을 작성하여 학교의 발전에 작은 기여를 한 적이 있습니다. 또 학급 발표 내용을 정리해 친구들과 공유하며 즐겁게 수업했던 경험도 있습니다. 이처럼 앞으로 고등학교에 입학해서도 동아리 활동 및 수업 시간에 보고서를 작성하거나 자료 발표를 맡아 팀에 도움을 주고 싶습니다. 또한 학교를 알리는 행사에서 사람들 앞에서 인상 깊게 발표하며 학교를 빛내는 데 작은 역할이 되고 싶습니다.

저는 이러한 활동을 통해 제 역량이 발전함과 동시에 공동체에도 긍정적인 영향을 줄 수 있다고 생각합니다. 저의 발전이 공동체의 성장에도 도움이 될 때의 보람을 느끼고 싶습니다. 고등학교에 입학해서도 자신감을 갖고 제 역량을 펼치면서 학교와 함께 성장해 나가고자 합니다.

Tip

이 질문은 학생이 자신의 강점을 단순히 개인적 성취에 그치지 않고, 학교 공동체와 어떻게 연결할 수 있는지를 확인하는 문제입니다. 따라서 개인의 장점을 나열하는 데서 멈추지 말고, 학교 생활 속에서 어떤 구체적 활동으로 이어질지를 제시해야 설득력이 있습니다. 학교 안에서 적용 가능한 장면을 예로 들어주세요.

마지막에는 이러한 기여가 단순히 공동체에 도움이 되는 것에서 그치지 않고, 자신의 성장에도 긍정적인 영향을 준다는 점을 강조하면서 답변을 정리하면 됩니다. 즉, 나의 역량이 공동체 성장으로 이어지고, 그 과정이 나의 성장까지 이어지는 선순환을 언급해 주는 것이 좋습니다.

비슷한 유형의 문제

Q 우리 학교를 더 좋은 공동체로 만들기 위해 본인이 하고 싶은 활동이 있나요?

Q 동아리나 학급 활동에서 나의 강점을 어떻게 살려 기여할 수 있을까요?

Q 학교 활동에서 맡고 싶은 역할이 있다면 무엇이며, 그 이유는 무엇인가요?

Q 기억에 남는 활동이 너무 사소한데 말해도 될까요?

A 네, 괜찮습니다. 중요한 것은 활동의 규모가 아니라 그 경험을 통해 무엇을 배우고 어떻게 성장했는가입니다. 큰 대회나 특별한 성취가 아니어도, 학급 활동이나 작은 봉사 경험이라도 거기서 얻은 교훈을 진솔하게 말한다면 충분히 좋은 답변이 됩니다. 그리고 여러분은 학생이기에 활동이 사소한 것이 더 많을 수밖에 없습니다. 일상생활에서도 교훈을 얻고 성장하는 학생이라는 것을 어필하는 것이 더 좋습니다.

Q 면접관님의 질문을 못 들으면 어떻게 해야 하나요?

A 당황하지 말고 '죄송하지만 다시 말씀해 주시면 감사드리겠습니다'와 같이 부탁드리면 됩니다. 한두 번은 괜찮으니 너무 부담 가지지 않고 대답을 잘 해내시면 됩니다. 물론 모든 문제를 못 들었다고 하면 좋은 인상을 받기는 어려울 수 있으니, 조금만 주의를 집중해서 최선을 다해 면접에 임하시면 됩니다.

Q 답변할 때 긴장해서 답변 내용이 막히면 어떻게 해야 하나요?

A 누구나 긴장할 수 있습니다. 그럴 때는 잠깐 호흡을 가다듬고 제가 준비한 내용을 정리해서 말씀드리겠다고 하며, 짧게 시간을 벌 수 있는 문장을 사용하세요. 그 뒤 일단은 답변의 핵심만 말한다고 생각하며 차분히 이어 가면 됩니다. 면접관은 완벽한 말솜씨보다 침착하게 대처하는 태도를 더 높게 평가합니다.

Q AI나 국제 정세 같은 주제가 나오면 저에게는 너무 어렵게 느껴져요. 전문적인 지식도 없고요. 어떻게 하면 좋을까요?

A 여러분은 아직은 전공이 없는 어린 학생입니다. 그렇기 때문에 전문 지식이 없어도 괜찮습니다. 학생에게 기대하는 것은 전문가의 수준이 아니라 본인의 생

각을 논리적으로 말하는 능력입니다. 뉴스나 수업 시간에 들었던 간단한 사례를 바탕으로, 내가 느낀 점과 앞으로 어떻게 하고 싶은지를 말하면 충분히 좋은 답변을 만들 수 있습니다. 그러니 면접 준비를 할 때 뉴스 속 주요 이슈에 대해 미리 자신의 생각을 정리해 보는 연습을 해 두면 좋습니다.

Q 사회 문제에 대한 답변을 할 때 제 의견이 틀릴까봐 걱정돼요. 틀리면 감점이 되거나 불합격 되나요?

A 면접에서는 정답을 찾는 것이 목적이 아닙니다. 같은 문제에도 다양한 시각이 있을 수 있으니 자신의 의견을 논리적으로 제시하는 것이 중요합니다. 다만 근거 없이 단정적으로 말하기보다는 사례나 경험을 덧붙여 설명하면 설득력이 커지고, 면접관도 학생의 넓은 시각과 근거를 가지고 사회를 바라보는 것에 대해서 좋게 평가할 가능성이 있습니다.

Q 답변 시간이 길어지면 불이익이 있을까요?

A 정해진 시간을 조금 넘기는 것은 큰 문제가 되지 않습니다. 보통은 면접장에는 시계를 보기가 어렵기 때문에 정확한 답변 시간을 재는 것 자체가 어렵지요. 다만 답변의 핵심이 흐려지면 집중도가 떨어질 수 있습니다. 따라서 서론은 간단히, 본론은 구체적으로, 결론은 한 문장으로 마무리하는 습관을 들여 미리 연습을 여러 번 하는 것이 좋습니다. 또한 조금 짧아도 논리적인 답변이 훨씬 좋은 평가를 받습니다.

Q 면접관이 다시 꼬리 질문을 하실까봐 긴장돼요. 어떻게 대처해야 할까요?

A 꼬리 질문은 답변에 대해 더 깊게 듣고 싶다는 신호일 수 있습니다. 때로는 질문을 더 명확히 하기 위해, 답변을 더 명확하게 듣기 위해 던지는 경우도 있습니다. 꼬리 질문이 나왔다면 대처를 잘하는 것이 오히려 더 좋은 인상을 줄 수

있습니다. 긴장을 풀고 방금 말한 내용을 구체적으로 말한다는 생각으로 답변하면 됩니다. 정답을 찾으려는 마음보다는 생각을 조금 더 보태겠다는 태도로 임하면 됩니다.

만약 원래 답했던 것에 대해 부정적으로 보는 꼬리 질문이 나왔다 하더라도 이미 꼬리 질문을 받은 이상 긍정적으로 생각하는 편이 좋습니다. 답변을 보완할 수 있는 절호의 기회라고 생각하고 구체적이고 솔직하게 대답하면 됩니다.

Q 사회 문제에 대해 제 생각을 말하다 보면 너무 비판적으로 들릴까 걱정돼요.

A 비판적인 시각 자체는 나쁜 것이 아닙니다. 다만 문제만 지적하고 끝내면 부정적으로 보일 수 있습니다. 따라서 근거 있는 비판 뒤에는 다른 시각에서 바라보는 부분도 함께 다뤄 주면 좋습니다. 이어서 개선이 필요하다거나 학생으로서 작은 실천을 하겠다는 방향성을 덧붙이면, 건설적이고 균형 잡힌 시각으로 평가받을 수 있습니다.